중국 당시 에세이

두 딸과 함께 한 중국문학 기행

중국 당시 에세이

두 딸과 함께 한 중국문학 기행

최 경 진 지음

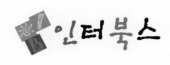

인터북스

서문

　이 책은 당시(唐詩)의 주석서가 아니다. 당대(唐代) 시인들의 발자취를 더듬은 기록이다. 어떠한 작품일지라도 한 작가가 발을 딛고 있는 현실을 떠나서는 탄생할 수 없다. 한 작품에는 당시의 언어, 문화 등 역사적 사실이 녹아 있다. 그렇기에 한 작품을 이해하기 위해서는 작품의 탄생 배경이 되는 사회적 배경, 지리적 배경을 살피는 일은 무엇보다도 중요하다. 이에 작품 속의 배경을 찾아 많은 도시를 직접 돌아보았는데 도시마다 나름대로의 색깔을 지니고 있었다. 여러 도시의 독특한 색깔을 마음으로 느끼는 즐거움은 남달랐다. 드넓은 땅에서 수많은 작가들이 만들어낸 그들의 작품들은 여러 도시의 색깔만큼이나 다양한 얼굴로 나에게 다가왔다.

　무엇보다도 당대(唐代)에 문학이 극성할 수 있었던 요인은, 중국 역사를 되돌아볼 때 당대만큼 사상적인 금기와 제한이 없었던 시대가 드물었기 때문일 것이다. 당대는 자신의 생각을 자유롭게 발표하는 것뿐만 아니라, 혼인과 애정 방면에 있어서도 매우 자유분방했던 시기였다. 여기에 많은 백성들이 문학을 사랑하는 사회적 분위기가 당대의 문학이 극성할 수 있게 했다. 이에 여기에서는 당대의 대시인들의 작품 뿐만 아니라, 현재 중국의 유치원 꼬마들조차도 즐겨 읊조리는 어린아이의 시로부터 궁녀들의 애정시, 그리고 황제들의 시까지 수록하였다. 이들이 여러분의 손을 잡아끌어 자유분방했던 당대로 안내할 것이다. 여러분은 그들이 안내하는대로 따라가기만 하면 된다.

한 시인의 발자취를 찾아 가기 위해 계획을 세워놓고 출발을 기다리는 것은 마치 그리운 사람을 만나기 위해 시간을 정해 놓고 기다리는 것과 마찬가지로 가슴 설레는 일이다. 그러나 이보다 더욱 가슴 뛰는 일은 낯선 도시에 도착하여 예기치 않게 그들의 흔적을 발견하였을 때이다. 이백의 발자취를 찾기 위해, 이백이 어린 시절을 보냈던 쓰촨(四川)성 장요(江油)나 이백이 결혼 후 아내와 딸과 함께 23년을 산 산둥(山東)성 지닝(濟寧)을 둘러보기 위해 계획을 세우고 출발 날짜를 기다리던 그 설레던 시간도 좋았지만, 안후이(安徽)성 황산(黃山)이나 저장(浙江)성 천도호(千島湖), 저장성 리수이(麗水) 등을 갔다가 뜻하지 않게 이백의 발자취를 발견했던 그 가슴 뛰던 순간들을 더욱 잊지 못한다.

　이 책은 홍콩 한인회의 『교민소식』의 〈당시 한 소절〉이라는 꼭지에, 2005년 이래로 연재해오던 글을 모아 다시 정리한 것이다. 애당초 어린 두 딸에게 쉽게 중국 문학과 중국 문화를 접하게 하자는 취지에서, 그리고 어렵게만 느껴지는 당시(唐詩)를 일반 독자들에게 쉽게 이해시키자는 의도에서 글을 쓰기 시작한 것이 벌써 5년 가까이 된다. 우선 두 딸 예지와 예인에게 고마운 말을 전한다. 수시로 제 집 드나들듯이 중국을 오갈 때마다 특별한 일이 없는 한 나는 두 딸과 늘 동행하였다. 직접 중국 대륙 방방곡곡을 체험하게 하여 중국을 스스로 이해하고 느끼도록 하자는 의도였다. 이러한 중국에 대해 관심과 이해를 하도록 한 의도가 두 딸에게 영향을 미친 것일까?

서문

    두 딸은 2년 동안 중국 현지의 학교에서 중국 학생들과 함께 공부할 기회를 가졌고, 한국으로 돌아와서도 여전히 그 누구보다 애정 어린 눈으로 중국을 이해하고 공부하는 데 온 힘을 쏟고 있다. 또 한 사람, 가족 중에서도 중국에 대한 관심이 둘째가라면 서운해 할 아내에게 고마움을 전한다. 그리고 쫭웨이(莊維), 쑨쟈민(孫嘉敏), 뤼옌(呂炎), 리신신(李欣欣), 원카이쥔(溫開軍), 빠오룬어(鮑潤娥), 궈쓰다(郭思達)를 비롯한 여러 중국인 친구들에게도 감사의 말을 보내는 바이다. 집필 시 이미지 자료가 부족할 때마다 그들에게 현지의 관련 문화유적지를 직접 답사하여 사진을 찍어 보내줄 것을 청하였는데, 그들은 한결같이 조금의 주저함도 없이 나의 청을 받아 주어 더욱 풍부한 자료가 덧붙여진 책이 나올 수 있게 했다. 마지막으로 시종 섬세한 손길로 훌륭한 책을 탄생시킨 인터북스 출판사 김미화사장님과 박은주편집장을 비롯한 여러 편집부 선생님들께도 깊은 감사의 말을 전한다.

    이 책을 통해 우리에게 너무도 가까이 다가와 있는 중국에 대해, 그들의 문학과 역사, 문화 방면에 새롭게 접근하고, 그것들을 새로이 이해하는 기회가 되길 기대한다.

중국전도

우루무치

하얼빈
창춘
선양
후허호트
베이징
인촨   텐진
시닝   타이위앤   스자좡
란저우   시안   정저우   지난
라싸   청두   충칭   우한   허페이 난징 상하이
창샤   난창   항저우
꾸이양   푸저우
쿤밍   난닝   광저우   타이베이
홍콩
마카오
하이커우

목차

두 딸과 함께 한 중국문학 기행
중국 당시 에세이

01 낙빈왕(駱賓王)

일곱 살 짜리 꼬마의 시

낙빈왕(627?~684?). 낙빈왕이라 하니 어느 나라의 왕이라 생각할는지 모르지만, 왕은 아니고 다만 성이 낙씨이고 이름이 빈왕일 뿐이다. 그는 저장성(浙江省)의 이우(義烏) 출신이다.

언젠가 두 딸과 중국 상하이에서 항저우에 가려고 기차를 탄 적이 있다. 좌석표를 사 들고 시간에 맞춰 열차에 올랐는데, 이미 객차 안은 승객들로 넘쳐나고 있었다. 가까스로 우리 좌석에 가보니 이미 다른 사람들이 앉아 있었다. 그 사람들에게 우리 좌석이니 비켜달라고 하면서, 우리 집 꼬마들에게 "좌석표가 없어도 그냥 남의 좌석에 앉아가려는 사람들이 많으니까, 지금 순순히 비켜줄 때 빨리 앉거라."라고 재촉을 하였다. 그런데 그 중국사람 중 한 명이 우리가 한국 사람이라는 것을 알아차리고는 북한 말투로 "한국에서 오셨습네까?"라고 묻는 것이었다. 정말 중국 사람과 똑같이 생긴 중년 아저씨였는데 알고 보니 조선족이었다. 우리 동포를 만났다는 반가움에 좁지만 같이 앉아 가자고 좌석의 한 켠을 양보하여 좁은 좌석에 같이 앉아 가느라 꼬마들이 내내 고생을 했던 기억이 새롭다. 그 조선족 아저씨에게 어디까지 가는가 물으니 항저우를 지나 이우까지 간다고 했다. 그곳에서 사업을 한다는 말을 덧붙이며.

청대 화가 운수평(惲壽平 : 1633~1690)이 그린 거위. 운수평은 꽃과 새 그림에 능했다.

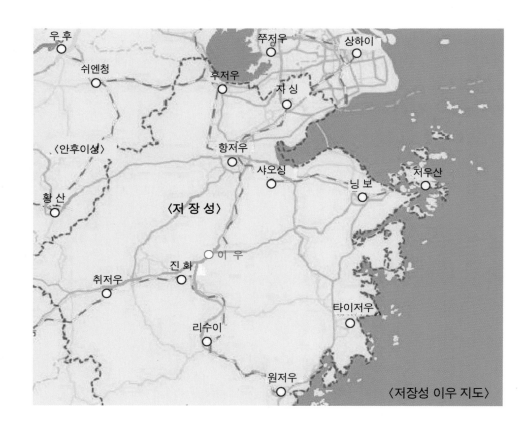

〈저장성 이우 지도〉

이우.

그 후에 이우에 직접 가볼 기회가 있었다. 그곳에 가 보고서는 놀라지 않을 수 없었다. 그곳에는 중국 최대의 경공업제품 도매시장이 있었다. 중국에서 생산되는 모든 경공업 제품은 이곳에 모아졌다가 다시 중국 각지로, 세계로 퍼져나간다. 우리나라의 선물가게나 팬시점에서 파는 액세서리나 선물류는 거의가 이곳에서 수입된 것이라 보면 틀림없다. 그곳에 가던 날 이우의 버스터미널에 도착하여 버스터미널의 이름이 낙빈왕의 이름을 빌어 '빈왕 버스터미널'이라 이름 붙인 것을 보고는 이우 사람들이 그 얼마나 낙빈왕에 대해 사랑과 자부심을 느끼는가를 알 수 있었다.

낙빈왕은 어렸을 때부터 시 창작에 있어 천재성을 드러내었는데, 그가 예닐곱 살 때 지은 것으로 알려진 <거위를 노래함(咏鵝)> 이라는 시를 보면 그의 시적 재능을 알 수 있다.

거위들이 꽥, 꽥. 꽥	鵝, 鵝, 鵝
목을 구부려 하늘을 향해 노래 부른다	曲項向天歌
하얀 깃털은 푸르른 물 위에 떠다니고	白毛浮綠水
붉은 물갈퀴는 맑은 물결을 헤치고 있다	紅掌拔清波

이 시는 쉬우면서도 리듬감이 뛰어난 작품이라 중국 초등학교 1학년 1학기 국어교과서에 수록되어 있을 정도이다. 예닐곱 살 짜리 어린아이가 지은 시라고는 도무지 믿겨지지 않을 정도로, 대상에 대한 섬세한 관찰과 생동감 넘치는 묘사가 예사롭지 않다.

낙빈왕은 또한 초당 시인 중에 가장 전기적인 인물이라 할 수 있다. 전하는 바에 의하면 그는 협객 기질이 다분하여 무고하게 당하는 사람을 가만히 보고만 있질 못하는 성격이었다. 요즘 이야기로 정의파라고 보면 무방하다. 심지어는 자기와 아무 상관도 없는 어느 버림받은 여인을 위해 바람둥이 남자를 흠씬 두들겨 팼다는 이야기까지 있다. 다혈질이라 할 수도 있겠지만 늘 정의롭게 행동하려 했다. 그는 한때 감옥살이도 했었고 훗날 측천무후(則天武后)에게 반기를 든 서경업(徐敬業)의 군사 행동에 적극적으로 가담하여 측천무후의 죄목을 격렬하게 비판하는 격문(檄文)을 쓰기도 했다. 당시 자신을 격렬

이우의 낙빈왕공원 내의 낙빈왕시비
〈咏鵝〉시가 새겨져 있다.
마루(馬璐) 촬영

이우의 낙빈왕공원 경내의 낙빈왕상.
마루(馬璐) 촬영

낙빈왕공원 내의 정자.
정자 이름이 영아정(咏鵝亭)이다.
마루(馬璐) 촬영

공원 내의 부조. 영아시의 내용이 새겨져 있다.
(陳夢玲) 촬영

…년에 완공된 낙빈왕공원 내의 낙빈왕기념관.
…(陳夢玲) 촬영

…왕기념관 내의 낙빈왕상.
…(陳夢玲) 촬영

하게 매도했던 낙빈왕의 격문을 읽고 당사자인 측천무후조차도 칭찬했다고 하니 낙빈왕이 문장을 얼마나 잘 했는가 짐작할 수 있다. 측천무후에게 반기를 든 서경업의 군대가 곧 진압되었는데, 낙빈왕의 종적은 알 길이 없었다. 혹자는 반란군에 참여한데다 측천무후를 신랄하게 성토하는 선동적인 글을 천하에 공표한 장본인이었기에 아마도 죽음을 면치는 못했을 것이라 주장하기도 하고, 혹자는 서경업 군대가 진압되자 낙빈왕은 머리를 깎고 스님이 되어 항저우의 영은사(靈隱寺)라는 절에 은거했다고 주장하기도 한다. 또 그에 관해서는 다음과 같은 전설이 전해진다. 어느 날 송지문(宋之問 : 다른 시인의 명구를 빼앗으려고 그 명구를 지은 시인 유희이(劉希夷)라는 이를 죽이기까지 했던 아주 질이 안 좋은 비열한 인간으로 소문이 나 있다)이 달밝은 밤 영은사에 노닐다가 시를 한 수 지으려는데 시상이 이어지질 않았다. 고심하고 있는 송지문을 지켜보던 어떤 스님, 사정을 듣고는 즉시 막힌 구절을 절묘하게 이어 작품을 완성시켜 주었다. 송지문은 그의 문학적 재능에 경악을 금치 못했는데 나중에 그가 낙빈왕이었다는 전설이 있기도 하다.

협객 기질이 다분했던 작가답게 그의 시 역시 비장한 감정을 노래한 것이 특색이다. <역수에서의 송별(易水送別)> 이라는 시를 보자.

17

이곳은 형가(荊軻)를 송별하던 곳	此地別燕丹
장사(壯士)는 노기(怒氣)가 충천했었지	壯士髮衝冠
인걸은 이제 모두 죽고 없지만	昔時人已沒
오늘도 강물만은 여전히 차갑도다	今日水猶寒

　위 작품은 진시황을 저격했던 형가(荊軻) 이야기를 소재로 삼고 있다. 전국 시대 말기 진(秦)나라는 당시 전국칠웅(戰國七雄)을 하나씩 정복하여 연(燕)나라 의 운명도 풍전등화 신세였다. 이에 연나라 태자 단(丹)이 진시황을 살해할 목적으로 형가를 파견하게 된다.

장쑤(江蘇)성 난통(南通)의 낭산(狼山) 자락에 있는 낙빈왕의 묘.
그의 묘는 명말에 이르러서야 주민에 의해 발견되었다.

　몇 년 전에 이 고사를 제재로 여러분도 잘 아는 감독인 장이모우(張藝謀) 가 영화화했던 적이 있다. <형가가 진시황을 찌르다(荊軻刺秦王)> 이라는 영 화였다. 개봉할 즈음 광고를 어마어마하게 했음에도 관객 모으기에 실패하는 것을 중국 현지에서 직접 목격했던 적이 있다. 작품성에도 문제가 있었지만, 더 큰 문제는 해적판 때문이었다. 영화가 개봉되기도 전에 해적판 VCD가 돌아 극장을 찾아 영화를 보는 사람이 거의 없었던 것이다.

연나라 태자 단이 형가를 파견하며 송별을 한 곳이 역수(易水)였는데, 그 자리에서 형가는 다음과 같은 노래를 남기고 진나라로 향한다.

바람은 서늘하고 역수는 차가운데   風蕭蕭兮易水寒

나는 이제 가면 살아 돌아오지 않으리   壯士一去兮不復還

비장한 노래를 마치고 눈을 부릅뜬 형가. 당시 형가를 송별하던 자리를 연상해보라. 낙빈왕은 그 모습을 떠올리며 감회에 젖었다가 일사천리로 20자 오언절구를 읊었다. 단지 역사적 사실만 기록한 것이 아니라 거기에 빗대어 인생의 유한함, 세월의 무상함 등등의 감정이 아련히 스며들어 있다.

이우에서 발견한 한식당의 광고지.
우리 드라마 대장금(大長今)의 영향으로 중국내의 한국 요리의 인기는 상당하여 중소 도시에 가더라도 한식당을 쉽게 발견할 수 있을 정도가 되었다. 그러나 한국 요리의 표준화가 여전히 아쉬운 현실이다.

19

02   노조린(盧照隣)

외눈박이 물고기의 사랑

금실이 매우 좋은 부부를 한 쌍의 원앙 같다고들 한다. 원앙은 처음에는

남송 장무(張茂 : 생졸년 미상)가 그린
〈쌍원앙도(雙鴛鴦圖)〉

사이좋은 형제를 비유하였는데, 사이좋은 부부 사이를 비유하게 된 것은 당대의 노조린(盧照隣) 이후 부터이다. 노조린이 〈장안고의(長安古意)〉라는 시에서 원앙을 언급한 이후로 많은 문인들이 앞 다투어 이를 따라 하기 시작했다. 원앙(鴛鴦)은 수컷을 원이라 하고, 암컷을 앙이라 하여 암수 한 쌍을 원앙이라 불렀다. 원앙은 서로 떨어지지 않고 늘 함께 다니는 새로 암수 중 한 마리가 사람에게 잡히면, 먹이도 먹지 않고 상대를 그리워하다 죽는다고 알려져 있어서 필조

(匹鳥) 라고도 불렸다. 원앙은 주로 중국의 동북 지역과 내몽고 지역의 호수 나 강에서 서식을 하는데, 겨울에는 중국 남부의 푸젠(福建)성과 광둥(廣東)성 까지 날아와 겨울을 난다. 특히 푸젠성 빙난(屏南)현에는 길이가 18킬로미터 에 달하는 '백암계곡'이라는 계곡이 있는데, 계곡이 조용하고 물이 맑아 매년 수천마리의 원앙이 이곳에서 월동을 한다. 그래서 계곡 이름도 '원앙계곡'이 라 불리기도 하는 중국 최초의 원앙자연보호구이다.

노조린의 〈장안고의〉 시를 보면,

비목어가 될 수만 있다면 어찌 죽음을 사양하리	得成比目何辭死
원앙새가 될 수만 있다면 신선도 부러워 않으리	願作鴛鴦不羨仙
비목과 원앙은 정말 부러워할 만하네	比目鴛鴦眞可羨
쌍쌍이 오가는 것을 그대는 보지 못했는가	雙去雙來君不見

작자는 영원히 함께 할 수만 있다면 죽음도 불사하겠노라는 결연한 의지를 원앙뿐만 아니라 비목에 비유하고 있다. 비목은 외눈박이 물고기를 말하는 것 으로, 한쪽에만 눈이 달려 있어 한 쌍이 같이 있어야만 비로소 헤엄쳐 다닐 수 있는 물고기다.

당대 시인 백거이 또한 〈장한가(長恨歌)〉 시에서 애절한 사랑을 다음과 같이 노래한 바 있다.

하늘에서는 비익조가	在天願作比翼鳥
땅에서는 연리지가 되고 싶어라	在地願爲連理枝

생사를 뛰어넘는 사랑을 비익조(比翼鳥)와 연리지(連理枝)에 비유하여 노래한 것을 볼 수 있다. 비익조는 한 개의 눈과 한 개의 날개만을 가지고 있어서 한 쌍이 같이 있어야만 비로소 자유로이 날 수 있는 새이고, 연리지는 두 그루의 가지가 하나로 뒤엉켜 결국에는 하나로 붙어버린 나무이다.

우리나라에도 비목을 노래한 시인이 있는데, 여러분도 잘 아는 류시화 시인이다. 그는 <외눈박이 물고기의 사랑>이라는 시에서 다음과 같이 읊조렸다.

외눈박이 물고기처럼 살고 싶다
외눈박이 물고기처럼
사랑하고 싶다
두눈박이 물고기처럼 세상을 살기 위해
평생을 두 마리가 함께 붙어 다녔다는
외눈박이 물고기 비목처럼
사랑하고 싶다
우리에게 시간은 충분했다 그러나
우리는 그만큼 사랑하지 않았을 뿐
외눈박이 물고기처럼
그렇게 살고 싶다
혼자 있으면
그 혼자 있음이 금방 들켜 버리는
외눈박이 물고기 비목처럼
목숨을 다해 사랑하고 싶다

比目魚

比翼鳥

비목어와 비익조.
『대한화사전(大漢和辭典)』

<장안고의>의 작자 노조린(634?~686?)은 자는 승지(昇之), 호는 유우자(幽憂子)이다. 판양(范陽 : 지금의 허베이(河北)성 주오(涿))현 출신이다. 어려서부터 경서와 역사서 등을 공부하는 데 힘써 일찍부터 명성을 떨쳤으나, 20대 중반에

악질에 걸려 신도위(新都尉)라는 벼슬에서 물러나, 태백산(太白山)에 은거하면서 단약을 복용하였다가 중독되어 수족이 마비되었다. 이후 허난(河南)성 위(禹)현의 구자산(具茨山) 아래 은거하여 투병생활을 계속하였으나, 효험이 없자 영수(潁水)에 투신 자살한 매우 불우한 시인이었다. 그의 시에는 벼슬길에서의 좌절감과 신병으로 인한 우울함이 교차하고 있으며, 통치자의 사치와 음락을 일삼는 행위를 폭로한 시도 눈에 띈다.

두 나무의 가지가 하나로 붙은 연리지

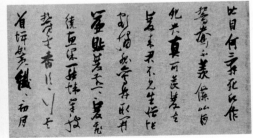

명대 장서도(張瑞圖)가 쓴 노조린의 〈장안고의〉시

23

03 왕발(王勃)

지금 우리는 헤어져야하지만

중국시를 학생들에게 가르치면서 특별히 애착이 가는 시가 있게 마련인데, 왕발(王勃)의 시가 바로 그 중 한 수이다. 학생들에게 다른 어떤 시보다도 이 시를 먼저 암송할 것을 권한다. 개학한 지 몇 일 지나지 않은 때로 기억한다. 한 학생이 연구실로 나를 찾아왔다. 중국 항저우 저장대학교(浙江大學)에서 한 학기 동안 교환학생으로 공부를 끝내고 막 귀국한 김미성이었다. 귀국할 때 중국 친구와 헤어지면서 선생님이 말씀하신대로 왕발의 시를 중국 친구에게 읊어주었더니 그 친구가 놀라면서 눈물을 훔치더라는 이야기를 하러 온 것이었다. 이럴 정도로 이 시는 이미 모든 사람의 심금을 울리는 천고의 절창이 되었다.

장시성 난창시의 등왕각 전경.
황학루(黃鶴樓), 악양루(岳陽樓)와 더불어 중국 강남 3대 누각으로 꼽힌다. 바깥에서 보면 3층인데, 내부는 7층으로 이루어진 높이 57.5 미터의 웅장한 누각이다. 위창궈(余昌國) 촬영

24

〈장시성 난창 지도〉

왕발을 이야기하자면 장시(江西)성의 난창(南昌)을 빼놓고는 이야기가 되지 않는다. 장시성이라는 지명은, 우리가 잘 아는 당나라 현종이 733년 이곳에 강남서도를 설치한 후로 생긴 지명이다. 그리고 장시성은 줄여서 간(贛)이라 부르는데, 장시성의 최대 하천이 간강이기에 이렇게 불린다. 이 장시성의 중심 도시가 난창이다. 이곳 난창은 중국 현대사에서 괄목할만한 사건인 8월 1일 봉기의 현장이기도 하다. 저우언라이(周恩來)와 주더(朱德)의 지휘로 일어난 이 날의 봉기는 중국 공산당이 독립적으로 국민당에 대해 무장 투쟁을 전개하고, 인민군 창건의 시작을 알리는 일대 사건이었다. 이 날은 현재 중국해방인민군 기념일로 기념하고 있다. 그리고 이곳 난창에는 오늘 우리가 돌아볼 '등왕각(滕王閣)'이라는 유명한 누각이 우뚝 서 있다. 난창의 등왕각은 위에양(岳陽)의 악양루(岳陽樓), 우한(武漢)의 황학루(黃鶴樓)와 더불어 중국 강남

3대 명루로 꼽히고 있다. 등왕각은 당 고조(高祖) 이연(李淵)의 스물 두 번째 아들인 이원영(李元纓)이 등왕으로 봉해진 후 이곳에 도독(都督)으로 부임하여 간강 가에 세운 누각이다.

왕발은 여섯 살 때 이미 문장을 잘 지을 정도로 문학적 재능이 뛰어났으며, 스무 살도 되지 않는 나이에 이미 높은 관직에 임명되었다. 당시 황제의 여러 아들들이 닭싸움을 즐겨 투계대회에 열중하였는데, 왕발은 이것을 성토하는 격문을 지었다가 관직에서 추방당한다. 파직 당한 후에도 일은 더욱 꼬여갔다. 사형 당할 죄를 지은 관노를 숨겨주었다가 일이 탄로날까 두려워 그를 죽인 일이 있었다. 이 일이 발각되어 자신 또한 사형 당할 처지가 되었으나 사면되어 사형은 면할 수 있었다. 그 대신 아버지 왕복치(王福畤)가 이 일 때문에 교지(交趾 : 지금의 베트남 하노이 서북쪽)로 좌천되었다. 왕발은 아버지를 뵈러 가다가 바로 이곳 난창을 지나게 되었던 것이다.

그 때 마침 당시 도독이던 염백서(閻伯嶼)는 등왕각을 수리하여 낙성하고는, 9월 9일 자신의 사위에게 등왕각 낙성 기념 문장을 미리 짓게 하고는 많은 빈객들이 모인 가운데 이 성대

등왕각 5층에 올라가면 왕발의 상과 소동파가 왕발의 〈등왕각서〉를 베껴 쓴 글씨를 볼 수 있다. 위창궈(余昌國) 촬영

소동파 필체의 〈등왕각서〉

한 일을 경축하게 할 참이었다. 그런데 왕발이 길을 지나다가 낙성식에 참석하여 문장을 짓게 되었던 것이었다. 도독은 처음에 그의 예기치 않은 출현에 탐탁지 않게 생각하다가 그의 재능을 이내 알아보고는 당초의 계획과는 달리 아예 그에게 등왕각기를 짓도록 요청했다. 왕발은 많은 사람들 앞에서 유쾌하게 붓을 들어 단숨에 완성하고는 한 글자도 수정하지 않았다. 이에 자리를 가득 메운 모든 사람들은 놀라지 않을 수 없었다. 성대한 연회 후에 술에 한껏 취해 왕발이 그곳을 떠나려하자, 도독은 비단 백 필을 그에게 상으로 주었고, 그는 곧 배를 타고 그곳을 떠났다. 남방 지역에 이르러 배가 바다에 다다랐을 때 풍랑을 만나 물에 빠져 죽었는데, 그 때 그의 나이 스물 아홉이었다.

왕발은 문장을 화려하게 지었는데, 그에게 글을 부탁하는 사람이 많아 항상 금은보화와 비단이 집안에 가득했다. 그러나 그는 작품을 쓸 때, 그다지 많이 생각을 가다듬지 않고 우선 먹물을 많이 갈아 놓고 흠뻑 술에 취해 이불을 끌어당겨 얼굴을 덮고 자다가 일어나서 붓을 휘둘러 문장을 지어내고도 한 글자도 바꾸지 않았다. 이에 사람들은 그를 ‘배 속에 원고가 들어있다.’라는 의미로 ‘복고’(腹稿)라고 불렀다.

그럼 그의 <두소부를 촉천으로 보내며(送杜少府之任蜀川)>라는 시를 보도록 하자

장안은 삼진 땅으로 둘러싸여 있는데	城闕輔三秦
안개 속에서 오진을 바라보네	風煙望五津
그대와 헤어지는 쓰라린 마음	與君離別意
우리 모두 떠다니는 벼슬아치인 때문일세	同是宦游人
세상에 나를 알아줄 친구만 있다면	海內存知己

하늘 끝이라도 이웃 같으리니   天涯若比鄰
이제 헤어지는 갈림길에 섰지만   無爲在歧路
아녀자처럼 눈물짓진 말게나   兒女共粘巾

　　이 시는 왕발이 친구인 두소부(杜少府)가 촉천(蜀川)으로 부임해 가는 것을 전송하며 쓴 송별시이다. 성궐(城闕)은 당시 수도였던 장안(長安)의 성곽과 궁궐을 가리키고, 삼진(三津)은 항우(項羽)가 진(秦)을 멸망시킨 후 그 땅을 3국으로 나누었는데, 이 3국을 합하여 '삼진'이라 칭했다. 오진(五津)은 쓰촨(四川)의 민강(岷江)에 있는 5개의 나루터를 말하는 것으로, 여기에서는 두소부가 부임해 가는 촉천을 지칭하는 말이다. 왕발은 친구와 헤어지는 마음이 더욱 쓰린 이유는 보내는 이와 떠나는 이가 모두 고향을 떠나 객지를 떠돌며 벼슬하는 관리이기 때문이라고 갈파하고 있다. 그러나 왕발은 천고의 명구가 된 '세상에 나를 알아줄 친구만 있다면, 하늘 끝이라도 이웃 같으리니'라는 구절에서, 이 세상에 자신을 알아주는 친

청대 화가 왕항(王恒 : 생졸년 미상)이 그린 등왕각

구만 있다면 하늘 끝에 떨어져 있다 해도 마치 이웃에 있는 것과 같을 것이니 너무 슬퍼하지 말자고 친구를 위로하고 있다. 서러운 이별의 순간이지만 왕발의 이와 같은 발랄한 기상 때문에 감상적인 분위기가 조금도 느껴지지 않는다.

최근 중국 난창으로 가는 직항 노선이 생겼다는 소식을 접했다. 왕발의 숨결이 느껴지는 등왕각을 보러가기가 훨씬 수월해진 것이다.

04 교지지(喬知之)

죽음으로 지킨 사랑

오늘은 목숨을 바쳐 지켜낸 사랑이야기를 할까 한다.

중국 서진(西晉)시대의 대부호였던 석숭(石崇)에게는 녹주(綠珠)라는 애첩이 있었다. 용모가 아름다운 것은 물론 피리를 잘 불었고, 가무에도 능통했다.

녹주는 지금의 중국 남방 광시(廣西)성 버바이(博白)현 출신이다. 석숭이 지금의 월남 지역에 업무 차 갔다가 돌아가는 길에 녹주의 고향에서 하룻밤을 묵게 되었다. 석숭은 홀로 객지를 여러 달 떠돌아야 하는 처지였기에 그 날 밤도 외로움에 잠을 도통 이룰 수가 없어 방을 나와 마당에서 서성이는데, 마침 밝은 달이 환히 비추는 들녘에서 아름다운 피리 소리가 들려왔다. 석숭이 그 피리 소리에 이끌려 들판에 가니, 아가씨 여럿이 피리 소리에 맞추어 들판에서 춤을 추고 있었다. 노래와 춤에 흠뻑 빠진 석숭은 그 자리에서 10곡(斛:1곡은 10말)이나 되는 어마어마한 양의 영롱한 구슬 등 보화를 아가씨들의 부모들에게 주고 그녀들과 함께 당시의 수도인 낙양으로 돌아왔다. 석숭

녹주.
『명각역대백미도(明刻歷代百美圖)』
(천진인민미술출판사, 2003년)

은 자신의 집에 그녀들을 위해 금곡원(金穀園)이라는 거대한 별장을 만들어 그들의 향수를 달래 주는 한편, 녹주를 자신의 첩으로 삼았다. 당시의 고관 중에 손수(孫秀)라는 자는 녹주가 아름답다는 이야기를 듣고는 자기의 여자로 만들고자 했다. 그는 권세를 이용하여 석숭에게 사자를 보내 자신의 마음을 내비쳤다. 이 말을 듣고 석숭은 노하여 "녹주는 내가 사랑하는 여인인데, 손수의 권세가 하늘을 찌른다 할지라도 어찌 내어 줄 수 있단 말인가?" 라고 하였다. 사자가 "세상의 이치를 잘 아시는 분이니 한번만 다시 생각해 주십시오."라고 하자, 석숭은 "절대 그런 일 없으니 돌아가거라." 라고 재차 단호하게 말하고 사자를 돌려보냈다. 사자가 물러가 손수에게 이 말을 전하자, 손수는 화가 나서 석숭을 제거할 음모를 실행하였다. 석숭이 높은 누각에서 잔치를 벌이고 있는데, 손수가 보낸 병사들이 석숭을 체포하러 왔다. 이에 석숭이 녹주에게 이르기를 "내가 너를 지키려다 체포되어가는구나"라고 하니 녹주가 울면서 말하기를 "차라리 당신 앞에서 죽을지언정, 손수에게는 갈 수 없습니다."라고 하고 손 쓸 틈도 없이 누각 아래로 몸을 던져 죽었다.

　당대에도 이와 비슷한 이야기가 있다. 교지지(喬知之)라는 인물은 시도 잘 짓고 좌보궐(左補闕) 등 상당히 높은 관직을 역임했던 인물인데, 그에게는 벽옥(碧玉)이라 불리는 계집종이 있었다. 그녀는 용모도 출중했을 뿐 아니라 춤과 노래를 잘 했고, 문학적 재능 또한 뛰어나서 교지지는 이 아이 외에는 다른 여인을 다시는 들이지 않을 것이라고 말할 정도였다. 얼마 안 지나, 재색을 겸비한 벽옥의 소문은 금세 장안에 자자하게 되었다. 벽옥에 관한 소문을 들은 당시의 절대 권력자인 좌승상 무승사(武承嗣)가 가만둘 리 만무했다. 탐욕스런 무승사는 그녀에게 욕심을 품고 그녀를 첩으로 삼고자 교지지에게서 강제적으로 그녀를 빼앗아갔다. 벽옥에 대한 그리움에 마음이 타들어가고 몸이 바짝 말라만 가던 교지지는 홀연 옛날 석숭과 녹주의 이야기를 생각해냈다. 이어 비단 위에 다음 시를 적은 후 사람을 시켜 몰래 무승사의 집에 있는 벽옥에게 전하였다.

　교지지의 〈녹주의 원망(綠珠怨)〉시는 녹주가 처음 석숭의 집으로 들어오게 된 경위를 적는 것으로 시작했다.

　　　석숭의 집 정원 금곡원에 새로운 여인의 노래 소리　　石家金谷重新聲
　　　영롱한 구슬 10곡을 바치고 녹주를 초빙했네　　　　明珠十斛買娉婷

위에서 빙정은 원래 여인의 자태가 우아한 것을 이르는 말인데, 여기에서는 녹주를 가리키는 것임은 물론이다. 이어 손수와 승상 무승사의 발호와 횡포에 대해 풍자한 후에, 마지막 두 구에서는 지조를 지키기 위해 자신의 생명을 기꺼이 내어놓는 녹주의 장렬한 최후를 묘사하고 있다.

높은 누각에서 몸을 던져 세상을 등지니　　　　　百年離別在高樓
짧디 짧은 생애를 사랑하는 임을 위해 바쳤노라　　一代紅顔爲君盡

비단을 펼쳐 교지지의 시를 읽은 벽옥은 하염없이 눈물만 흘리며 3일 동안 먹는 것을 거부하였다. 그리고는 교지지의 시가 적힌 비단을 몸에 두른 채 우물에 몸을 던졌다. 무승사는 우물에서 벽옥의 시신을 끌어올리라고 명령했다. 이내 그녀의 몸에 둘려진 비단 위의 시를 발견한 무승사는 교지지를 무고하게 하옥시킨 후 그를 살해하였다. 사랑을 목숨으로 지켜낸 녹주와 벽옥의 이야기를 읽으며, 사랑은 예나 지금이나 인간들의 영원한 테마임을 다시 확인할 수 있다.

청대 화가 화암(華嵒 : 1682~1756)이 그린 금곡원. 금곡원에서 녹주의 피리 연주를 듣고 있는 석숭을 묘사하였다.

05 상관완아(上官婉兒)

그대에게 편지가 쓰고 싶어

상관완아(664~710)는 허난(河南)성 샨(陝)현 출신으로 당대(唐代) 유명한 여류시인이다. 고종 때 재상을 지낸 상관의(上官儀)의 손녀이기도 하다. 조부 상관의 역시 당대 유명한 시인이었는데, 고종을 위해 무측천(武則天)을 폐위시키고자 하는 조서를 작성한 후 무측천의 미움을 사 아들 정지(庭芝)와 함께 죽임을 당하였다. 졸지에 시아버지와 남편을 잃은 상관완아의 어머니 정씨는 노비가 되어 아직 강보에 싸여있던 상관완아를 데리고 궁궐에 들어가 고단한 삶을 살아가야 했다. 궁궐에 들어간 상관완아는 어린 나이에 아침부터 저녁까지 쉬지도 못하고 온갖 허드렛일을 하는 것으로 하루 하루를

상관완아, 『명각역대백미도(明刻歷代百美圖)』 (천진인민미술출판사, 2003년)

보내야 했다. 그러던 중 그녀의 나이 14살 때 문학적 재능이 무측천의 눈에 띄어 발탁된 후로는 조서의 초안을 작성하는 일을 담당하게 되었다. 무측천을 이어 중종 이현(李顯)이 황제로 즉위한 후에도, 미모에 문학적 재능을 겸비한 그녀는 황제의 신임을 받아 계속 조서를 작성하는 일을 담당하게 되었고, 급기야는 중종의 사랑까지 받게 되어 첩여(婕妤)로 책봉되었다. 곧이어 그녀는 소용(昭容)에까지 봉해졌고 어머니 정씨 또한 패국부인(沛國夫人)으로 책봉되었다. 황제의 사랑을 받고 지위 또한 올라가게 되자, 상관완아는 위황후(韋皇后)와 안락공주(安樂公主) 등과 결탁하여 정치적으로 세력을 키워 권력을 농단하려다가 훗날 황제가 되는 현종(玄宗) 이융기(李隆基)에게 제거당한다.

〈집선궁녀도(執扇宮女圖)〉.
당(唐) 중종(中宗)의 장자인 의덕태자(懿德太子)묘의 벽화로 궁녀들의 생활을 짐작할 수 있는 그림이다. 묘사가 세밀하고도 화려하다.

상관완아를 제거한 현종이건만 그는 그녀의 시문을 모아 문집을 만들 것을 명령할 정도로 그녀의 재능을 안타까이 여겼다. 이에 문집 20권을 편찬되고 시인 장열(張說)이 서문을 썼으나 이 책은 현재 전해지지 않고 〈전당시〉에 그녀의 시 32수가 전해지고 있을 뿐이다.

그녀는 여류시인이었던 동시에 또한 궁궐 안에서 권력을 차지하기 위해 갖은 음모와 술수로 일세를 뒤흔들며 역사의 중앙에 서있던 여장부이기도 하다. 그러나 그녀의 대표시라 할 수 있는 〈그대에게 보내는 편지(彩書怨)>시를 보면, 세상의 음모와 술수가 일체 섞여 들어갈 틈이 보이지 않을 정도로 맑고도 순수하다.

동정호 가의 낙엽이 지매	葉下洞庭初
만리 밖 그대를 생각하노라	思君萬里餘
이슬 짙어지니 금침 더욱 차갑고	露浓香被冷
달 지니 비단 병풍조차 허허롭네	月落锦屏虚
강남곡 연주하려다	欲奏江南曲
계북에 있는 그대 생각나 편지 쓰고 싶어지네	贪封蓟北书
편지에는 다른 내용 없고	书中無别意
다만 그대와의 이별이 오램을 슬퍼할 뿐이라 썼네	惟怅久离居

첫 2구에서 우리는 시를 지은 계절과 시를 지은 동기를 알 수 있다. 즉 날이 추워지는 가을날 멀리 떠난 님을 그리워하며 지은 시임을 알 수 있다. 이어 3,4구에서는 님을 멀리 떠나 보낸 후 홀로 남겨진 여인네의 고적감을 묘사하고 있다. 날씨는 차가워지지만 곁에 함께할 사랑하는 이가 없어 더욱 차가운 공기가 뼈 속까지 스며드는 고통을 홀로 밤을 꼬박 새며 감내해야 함을 묘사하고 있다. 이어 밤을 새며 새벽을 맞은 여인은 새벽의

상관완아의 능력을 발견하고 그녀를 발탁한 무측천. 청대 사람의 그림

아름다운 풍경을 노래한 <강남곡>이라는 노래를 부르려다가, 홀연 만 리 밖에서 수자리 살고 있는 그리운 임 생각이 간절하여 편지를 쓰기 시작한다. 마지막 두 구절은 편지를 사랑하는 사람에게 빨리 부치고픈 조급한 마음에 그대와 이별한 지 오래되어 슬플 뿐이라고만 지극히 간단하게 적지만, 이별의 서러움과 그리운 이에 대한 그리움이 흘러넘치고도 남음이 있다.

06 장구령(張九齡)

1. 꾸이화 향기

중국 강남의 가을은 유난히 길고 포근하다. 11월로 넘어가도 한국 늦가을의 썰렁하고 황량한 느낌이 그곳의 늦가을 속에서는 찾아볼 수 없다. 9월 중순 더위가 물러간 이후로 두 달 넘게 화창하고 포근한 가을이 이어지기 때문이다. 강남의 가을을 이야기하자면 꾸이화(桂花) 향기를 빼놓고는 이야기를 할 수 없을 정도로 온 천지에 꾸이화 향기가 진동한다.

우리 집 둘째 예인이가 할아버지가 꺾어 오신 꾸이화 꽃잎으로 만든 하트

연구년을 맞아 중국 닝보(寧波)에서 머물던 그 해 가을, 강남의 꾸이화를 본 적이 없는 나는 그곳의 외국인 교수 아파트를 관리하고 계시는 할아버지에게 그곳 주위에도 꾸이화가 있는가를 물어보았다. 할아버지는 친절하게도 꾸이화가 있는 곳까지 나를 데려 가주셨는데, 뜻밖에도 아파트 주위에 수많

38

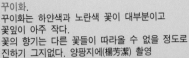
꾸이화.
꾸이화는 하얀색과 노란색 꽃이 대부분이고
꽃잎이 아주 작다.
꽃의 향기는 다른 꽃들이 따라올 수 없을 정도로
진하기 그지없다. 양팡지에(楊芳潔) 촬영

꾸이화. 뤼펑(呂澎) 촬영

은 꾸이화가 있었다. 그 때는 꾸이화가 아직 피어나기 전이라 꾸이화의 향기를 맡을 수가 없었던 때였는데, 얼마 지나지 않아 꾸이화가 만개하여 동네 전체가 꾸이화 향기로 넘쳐흘렀다. 그 향기가 얼마나 진하였던 지 가슴 속 깊은 곳까지 온통 꾸이화 향기로 목욕하고 있는 느낌이었다. 꾸이화 꽃향기를 중국 사람들은 "친런페이푸(沁人肺腑)"라는 말로 표현하는데, 향기가 가슴 속까지 파고들어 스며든다는 의미다. 꾸이화의 향기를 묘사하는데 이 이상 적절한 묘사가 없을 듯하다. 당시 내가 꾸이화를 좋아한다는 것을 아시고, 할아버지께서 직접 꾸이화를 꺾어 들고 우리 아파트까지 찾아오셔서 선물로 놓고 가시기도 하였다.

꾸이화를 노래한 당시를 보도록 하자. 장구령이라는 시인의 <감우(感遇)>라는 시이다.

난초잎 봄에 무성하고	蘭葉春葳蕤
꾸이화 가을에 고결하네	桂華秋皎潔
무성하고 왕성한 이 생기	欣欣此生意
저절로 좋은 계절이네	自爾爲佳節
누가 알리오, 숲속에 사는 은자들이	誰知林棲者
바람 냄새 맡으며 좋아하는 것을	聞風坐相悅
풀과 나무도 본성이 있거늘	草木有本心
어찌 미인이 꺾어주기를 바라리오	何求美人折

마지막 두 구절에서 보는 바와 같이, 작자는 자신을 난초와 꾸이화의 고결함에 비유하여 시세에 영합하지 않고 고결함을 견지하고자 하는 의지를 표명하고 있다.

꾸이화는 색깔이 하얀색과 노란색 꽃이 대부분이고 꽃잎이 아주 작다. 그러나 꽃의 향기는 다른 꽃들이 따라올 수 없을 정도로 진하여 지금도 정원이나 절에서 관상용으로 많이 심고 있다. 일반적으로 향기가 좋은 꽃들은 향기가 맑든지 아니면 진하든지 둘 중 하나인데, 꾸이화는 맑고도 진한 향기를 지닌 것으로도 유명하다. 꾸이화는 차로 먹을 수도 있고, 술이나 꿀에 담근 후 먹을 수도 있다. 그리고 꾸이화의 목재는 단단하고 광택이 있어 조각 공예품의 좋은 재료가 되고 있다. 그리고 계수나무와 얽힌 중국의 전설로는 오강(吳剛)의 이야기가 가장 유명하다. 오강은 신선술을 배우다 하느님의 노여움을 사서 달나라로 귀양을 가게 되었는데, 달나라에 있는 계수나무를 도끼로 베는 벌을 받게 되었다. 그러나 계수나무는 도저히 도끼로 벨 수 없었다. 도끼로 계수나무를 한번 찍었다 도끼날을 빼면 계수나무의 도끼자국이 이내 아물어 버리기 때문이었다. 수많은 세월이 흘렀지만 오강은 달나라에서 계수나무를 베기 위해 오늘도 도끼를 내리치고 있다는 이야기다. 유명한 계수나무로는 송나라 때 주희(朱熹) 선생이 푸젠(福建)성 우이산(武夷山) 자락에 직접 심었다는 두 그루의 계수나무로, 900년 가까이 살아온 이 나무들은 둘레가 두 아름이 넘고 높이 또한 15미터가 넘는다고 한다.

송대 주희 선생이 심은 우이산의 꾸이화

2. 사랑하는 이도 저 달을 보고 있겠지

위의 <감우(感遇)> 시는 비흥의 수법을 운용하여 감개가 심원하다고 평가를 받고 있고, 그의 <망월회원(望月懷遠)> 시 역시 정취가 깊고 의경이 그윽하며 격조가 청신하여 많은 사람에게 사랑을 받고 있다. 만년에 정치적 좌절을 겪으면서 그의 시풍은 크게 변하여 소박하고 강건한 쪽으로 나아갔다는 평가를 받는다. <망월회원>시는 한없는 그리움을 밝은 달에 기탁하고 있는데, 구체적이고도 선명한 예술 형상을 동원하여 독자를 감동시키는 힘이 매우 크다. 먼저 시를 읽어 보자.

장구령 좌상.
그의 고향인 광둥성 샤오관시 시내에 있다. 쫭웨이(莊維) 촬영

바다 위로 떠오른 밝은 달을	海上生明月
하늘 끝에서 님도 보고 있겠지	天涯共此時
그리운 님은 긴 밤 원망하며	情人怨遙夜
밤이 다 가도록 나만 생각하리라	竟夕起相思
촛불 끄니 방안 가득한 달빛 더욱 서러운데	滅燭憐光滿
옷 걸치니 옷은 이미 이슬로 축축하네	披衣覺露滋
손에 가득 담아 님에게 보낼 수도 없으니	不堪盈手贈
다시 잠들어 꿈속에서나 만나야 하리	還寢夢佳期

위 시에서 요야(遙夜)는 기나긴 밤을, 경석(竟夕)은 밤이 다가도록이라는 뜻이다. 그리고 불감(不堪)은 할 수 없다는 뜻이다.

위 시는 고래로 많은 사람들의 높은 평가를 받아온 시이다. 특히 "바다

위로 떠오른 밝은 달을 하늘 끝에서 님도 보겠지.” 라는 첫 두 구절은 지금도 자주 인용 되어지는 명구이다. 이어 나의 사랑하는 이 역시 내 생각에 전전반측하며 온밤을 하얗게 지새울 것임을 이야기하고 있다. 사랑하는 님에 대한 그리움이 깊어갈수록 더욱 잠들지 못하는데 혹시라도 촛불이 너무 밝아 그런 것인가 하고 촛불을 끈다. 그러나 촛불을 끄자 방안 깊숙이 비치는 달빛이 더욱 밝게만 느껴진다. 밝게 비치는 달빛은 도리어 그리움만을 더욱 재촉할 뿐이다. 잠 못 들고 밖에 나가고자 옷을 걸치니 옷은 이미 이슬이 배어 축축하다. 마지막 두 구절은 더욱 절묘하다. 돌연 아름다운 달빛을 님에게 보내고 싶은 간절함이 마음 속에서 용솟음친다. 그러나 달빛을 손에 담아 보낼 수도 없어, 꿈속에서나마 그리운 님을 만나고자 침상에 돌아와 잠을 청한다.

고향인 광둥성 샤오관시에 있는 장구령의 가족묘 입구.
좡웨이(莊維) 촬영

장구령 사당. 좡웨이(莊維) 촬영

　　우리나라에도 달을 매개로 하여 그리움을 노래한 시가 많은데, 김용택 시인의 <그리움2>라는 시가 그 중 하나이다.

이 세상 그리움들이 모여
달이 되었다고 한다.
그래서 사람들은 문득 달을 보면
참 달이 밝기도 하구나 라고 말한다.

장구령(678~740)은 자가 자수(子壽) 혹은 박물(博物)로 현재 광둥성(廣東) 샤오관(韶關)시 사람이다. 경룡(景龍) 초(707) 진사에 등과하여 교서랑(校書郎)에 임명되었다. 이후 문학적 재능이 뛰어나, 문인 재상 장열(張說)의 추천을 받아 중서사인(中書舍人)과 중서시랑(中書侍郎)을 거쳐 733년 재상이 되었다. 사람됨이 현명하고 정직하였으며 조정의 중대한 정책의 시행에 참여하여 개원(開元) 연간의 저명한 재상으로 이름을 날렸을 뿐 아니라, 문학 방면에서도 당시 사람들의 추앙을 받았다. 개원 24년(736) 이임보(李林甫)에게 미움을 받아 재상 자리에서 쫓겨났는데, 이후로 당 조정은 날로 부패하여 '개원지치(開元之治)'는 종말을 고하게 되었다. 이듬해 형주장사(荊州長史)로 폄적 당했다가 몇 년 후 세상을 떴다. 그의 시호는 문헌공(文獻公)이다.

장구령 사당의 뒤쪽 100여 미터 지점에 그의 묘가 있다.
좡웨이(莊維) 촬영

장구령의 묘비석.
좡웨이(莊維) 촬영

이곳에 가면 장구령의 동생인 장구고(張九皐)의 묘 도
볼 수 있다. 장구고는 영남절도사(嶺南節度使)를 역임한
있다. 좡웨이(莊維) 촬영

청대 화가 여집(余集 : 1738~1823)이 그린
매화상월도(梅花賞月圖).
매화나무 아래에서 달을 바라보며 상념에 젖은 모습을
묘사하였다.

07 왕창령(王昌齡)

장신궁(長信宮)의 가을

왕창령의 대표작으로 꼽히는 다음 작품은 총애를 잃은 궁녀의 고통과, 그들에 대한 동정을 표현하고, 나아가 여인에 탐닉하여 국사를 그르치는 황제를 풍자하고 계도하고자 하는 의도가 있다 하겠다. 먼저 <장신궁의 가을(長信秋詞)>을 읽어 보자.

새벽 궁문 열리면 비 들고 정원 쓸고	奉帚平明金殿開
또한 둥근 부채 들고 배회하네	且將團扇共徘徊
옥 같은 얼굴 겨울 까마귀만도 못하여라	玉顔不及寒鴉色
까마귀는 오히려 소양전의 햇빛 받을 수나 있는데	猶帶昭陽日影來

시의 첫 두 구절에서는 매일 아침 비를 들고 청소 등 판에 박힌 일을 해야 하는 궁녀의 무료함과 황제의 사랑을 받지 못해 갈피잡지 못하는 궁녀의 심사를 서술하고 있다. 이어 뒤 두 구절에서는 반첩여(班婕仔)의 고사를 인용

하여 이 궁녀의 서러움을 표현하고 있다.

위에서 소양(昭陽)은 한나라 때의 궁전인 소양전으로 한(漢) 나라 황제인 성제(成帝)와 조비연(趙飛燕) 자매가 기거했던 곳이다. 고대에는 태양으로 황제를 비유했기에 위 시구 중 일영(日影)은 황제의 은혜를 말하는 것이다. 까마귀는 오히려 소양전 위를 날며 소양전의 햇빛을 받을 수 있지만, 자신은 장신궁 깊은 곳에 기거하기 때문에 황제를 한번도 만날 수 없게 되어 옥 같은 얼굴이 새까만 까마귀만도 못함을 한탄하고 있다.

반첩여라는 여인은 누구인가? 반첩여는 한나라의 성제가 막 즉위할 때 후궁으로 뽑혀 들어온다. 처음에는 소사(少使)라는 관직에 임명되었다가 어느 날 갑자기 황제의 큰 총애를 받아 반첩여라는 관직으로 승진하였다. 그녀와 성제와의 다음 대화를 통해 그녀가 얼마나 현명하고 법도를 잘 지키는 여인인지를 가늠할 수 있다.

청대 사람이 그린 반첩여

청대 사람이 그린 조비연

청대 나빙(羅聘 : 1733~1799)이 그린
〈장신추사〉 시의도

어느 날 성제가 궁궐의 후정에서 유람할 때, 황제는 반첩여에게 수레를 같이 타고 갈 것을 권유하지만, 반첩여는 사양하며 "옛 그림을 보면, 어진 군주들은 모두 유명한 신하들을 곁에 두었으나, 하·은·주의 마지막 왕들은 곁에 사랑하는 여자들을 두었습니다. 지금 수레를 같이 타고자 하신다면, 그들과 같아지고자 하는 것이 아니겠습니까?"라는 말로 황제의 권유를 사양하였다. 황제는 그녀의 말이 옳다고 생각하고는 더 이상 권유를 할 수 없었다. 태후가 그 말을 듣고 기뻐하며, "옛날 번희(樊姬)가 있었다면, 지금은 반첩여가 있구나."라는 말로 반첩여의 행동을 칭송해마지 않았다. 번희란 여인은 춘추시대 초(楚)나라 장왕(莊王)의 비로 장왕이 사냥에 탐닉하였을 때 번희가 수차례 그만 둘 것을 간하였으나 장왕이 말을 듣지 않자, 그녀는 그 이후로 짐승의 고기를 일절 입에 대지 않아, 왕이 잘못을 고치고 정사에 힘쓰도록 유도했던 여인이다.

반첩여는 이후에도 성왕들의 예법을 준칙으로 삼아 조심스럽게 행동함으로써 안에서 황제를 보필하는 일에 게을리 하지 않았지만, 황제는 점점 여자에 탐닉하였다. 얼마 후 미천한 출신인 조비연(趙飛燕) 자매가 국가의 예의 법도를 무시하고 점점 황제의 사랑을 차지하게 된다. 이에 반첩여와 당시의 황후 허(許)황후는 모두 총애를 잃었고 급기야 조비연은 허황후와 반첩여가 주술로 황제의 환심을 사고자 하고, 후궁들을 저주하고, 황제까지 비방한다고 참소하였다. 허황후는 이 때문에 폐위되었고 이어 황제는 이 사실을 반첩여에게 추궁하자, 반첩여가 대답하기를, "소첩이 듣기에 삶과 죽음은 명에 달려 있고, 부와 귀는 하늘에 달려 있다고 합니다. 저는 몸을 닦고 마음을 바르게 했어도 여전히 복을 받지 못했는데, 사악한 욕심을 부려 무엇을 기대하겠습니까? 만약 귀신이 안다면 신하의 도리가 아닌 저주는 받아들이지 않을 것이며, 만약 귀신이 모른다면 저주한다고 무슨 이득이 있겠습니까? 이 때문에 저는 이러한 일을 하지 않았습니다."라고 대답하였다. 황제는 그녀의 대답에 수긍을 하고 그녀의 행실을 칭송하였지만, 반첩여는 조씨 자매의 교만과 투기 때문에 위기가 곧 자기에게 닥칠 것을 예상하고는 장신궁에서 황태후를 모실 것을 자원하였고, 황제는 이를 허락하였다. 그 후 반첩여는 장신궁으로 물러나 생활을 하게 되었던 것이다.

위 시를 지은 왕창령(698~756)은 시안(西安) 사람이다. 그는 용표(龍標 : 지금의 후난(湖南)성 쳰양(黔陽))현으로 귀양 간 적이 있어 왕용표라 불리기도 한다.

그의 시는 구성이 긴밀하고 구상이 청신하였으며, 특히 7언절구에서 뛰어난 작품이 많아 '칠절성수(七絶聖手)'라 칭해지기도 한다. 위의 시 역시 7언절구의 형식을 하고 있다.

남송 사람이 그린 한나라 궁궐과 궁녀.
〈한궁도(漢宮圖)〉

용표서원.
왕창령은 꾸이저우(貴州)성 롱리(隆里)로도 귀양을 갔는데,
그는 그곳에 자제들을 가르치기 위해 서원을 세웠다.
펑리(彭立) 촬영

남송 사람이 그린 겨울까마귀. 〈한아도권(寒鴉圖卷)〉

08 왕유(王維)

1. 대나무숲(竹里館)

금년 여름방학 때, 큰 딸 예지와 함께 둘러본 중국 서북지역의 요충지라 할 수 있는 시안(西安)은 여전히 당나라 때의 위용을 간직하고 있었다. 잘 보존되고 관리되고 있는 성곽, 그리고 시안 시내의 대안탑(大雁塔)을 비롯한 많은 당대(唐代) 유적지를 통해서도 시안 사람들의 당 왕조에 대한 자부심을 읽을 수 있었다.

찬란했던 당대 문화에서 커다란 한 획을 긋고 있는 인물로 왕유(王維)를 빼놓을 수 없을 것이다. 그는 탁한 세속을 멀리하고 자연을 즐기려는 고결한 성품의 소유자로 당 왕조의 정치와 문화 방면에 지대한 영향을 끼친 인물이다.

왕유(701~761)는 자가 마힐(摩詰)이고, 산시(山西)성 타이위엔(太原) 치(祁)현 출신이다. 그는 서예와 음악에도 재주가 뛰어났고 여러 관직을 역임하였다. 특히 천보 15년(756) 안록산(安祿山)이 반란을 일으켰을 때, 반란군의 포로가 되어 협박을 받고 급사중(給事中)으로 임명받았으나, 설사약을 먹고 안색을 초

청대 이영(李瀅 : 1878~?)이 그린 왕유.
그는 남종문인화의 조로 시와 그림을 융
합시킨 공로를 인정받고 있다.

·작문(朱雀門) 부근의 성벽.
안의 성벽은 명대에 축조되었는데, 당대의 원래 규모보다
·당히 축소되었다

췌하게 만들어 병을 핑계 삼아 나아가지 않았
고, 반란이 평정된 후 그의 죄가 문책되었으
나, 아우 왕진(王縉)이 형의 죄를 경감시키기
위해 자신의 관직을 스스로 강등시켰다. 그리
고 왕유가 반란군 진중에서 지은 천자를 그리
워 하는 시가 인정받아 가벼운 벌을 받는 것
으로 끝났을 뿐만 아니라, 그 후 다시 등용되
어 상서우승(尙書右丞)에까지 오른 일은 유명한
이야기이다.

그의 시는 산수와 자연의 청아한 정취를
청신한 풍격과 무한한 함축미로 노래한 수작
이 많은데, 특히 시안 동남쪽 종남산(終南山) 자
락의 란톈(藍田)현에 망천별서(輞川別墅)라는 별
장을 마련한 후 그곳에서 친한 친구 배적(裴迪)
과 함께 한가로이 자연을 벗하며 지은 작품들
이 유명하다. 그는 또한 고결한 성격 그대로
탁한 세속을 멀리하고 자연을 즐기는 태도로
그림을 그려 명대(明代) 동기창(董其昌)에 의해
남송문인화(南宋文人畵)의 시조로 받들어지기도
했다. 송나라의 소동파(蘇東坡)는 그에 대해 '시
속에 그림이 있고, 그림 속에 시가 있다.(詩中
有畵, 畵中有詩)'고 평하였는데, 이는 왕유가 시
와 그림을 융합시킨 공로를 인정한 말이다.

53

먼저 망천별서 주위의 풍광을 읊은 〈대나무숲(竹里館)〉 이라는 시를 보도
록 하자.

<table>
<tr><td>그윽한 대나무 숲에 홀로 앉아</td><td>獨坐幽篁里</td></tr>
<tr><td>비파 뜯다 긴 휘파람 부네</td><td>彈琴復長嘯</td></tr>
<tr><td>깊은 숲속이라 사람들은 알지 못하고</td><td>深林人不知</td></tr>
<tr><td>밝은 달만 다가와 나를 비추네</td><td>明月來相照</td></tr>
</table>

세속적인 명예와 쾌락을 멀리하고 자연에 유유자적하던 왕유의 모습이
눈에 그려지는 듯하다. 왕유는 이곳에 별장을 구입하여 평소에는 조정에서
관료로서 공무에 힘쓰는 한편, 자연을 즐기기 위해 시간적 여유가 있을 때마
다 이곳 별장에 와서 휴식과 함께 시 창작에 몰두하였던 것이다.

왕유의 망천도(輞川圖).
그림을 통해서도 망천의 별장은 삼면이 산으로 둘러싸여 있고 앞에
는 강이 흘러가는 천혜의 명승지에 위치하고 있음을 알 수 있다.

명대 항성모(項聖謨 : 1597~1658)가 그린 죽리관 시의도.
왕유는 배적과 함께 망천의 별장에 기거하며 주위의 명승
을 시로 읊조렸다. 죽리관은 그 중 대표적인 경관이었다.

대안탑광장에서 바라다 본 대안탑.
대안탑은 시안의 대표적 당대 건축물로 현장법사가 인도에서 가져온 불경을 보관하기 위해 건축하였다.

2. 그리움의 상징 홍두(紅豆)

조금은 시들해진 감이 없지 않아 있지만, 한국에는 미니홈페이지 싸이월드의 인기가 여전히 드높다. 이 싸이월드는 중국에서도 인기가 높다. 한국의 싸이월드는 사이버머니로 도토리를 사용하고 있음은 누구나 다 아는 사실이다. 그러면 중국에서도 사이버머니를 도토리로 사용하고 있을까? 아니다. 중국에서는 도토리 대신 홍두(紅豆)를 사용하고 있다. 왜 홍두인가? 오늘은 홍두 이야기를 하고자 한다.

홍두.
옛 사람들은 이것으로 애정과 그리움을 상징하였다.
주로 남방에서 재배되는 이 열매는 완두콩처럼 생겼으며
위 부분이 밝은 홍색이기에 홍두라 불렸다.

먼저 왕유라는 시인의 <상사(相思)>라는 시를 보도록 하자.

남방의 홍두	紅豆生南國
봄이 오니 몇 가지나 싹 텄을까	春來發幾枝
그대여 많이 따소서	願君多采擷
이것이 서로의 그리움을 가장 잘 상징하는 것이니	此物最相思

이 시는 왕유가 남방으로 떠나는 친구를 송별하며 지은 시이다. 홍두에 친구에 대한 그리움을 기탁하고 있다.

홍두는 상사자(相思子)라고도 하여 옛 사람들은 이것으로 애정과 그리움을 상징하였다. 주로 남방에서 재배되는데, 열매는 완두콩처럼 생겼고 위 부분이 밝은 홍색이기에 홍두라 불린다. 이 홍두에는 다음과 같은 전설이 서려있다. 남편이 전쟁터에 끌려 간 후 아내는 매일 아침저녁으로 높은 산에 올라 변방의 남편을 그리워하며 눈물지었다. 눈물을 너무 많이 흘려 눈물이 마르자, 눈에서 피눈물이 흘러내렸다. 아내의 눈에서 핏방울이 땅에 떨어져 홍두로 변했고 홍두에서 싹이 돋아 무럭무럭 자라기 시작하였다. 시간이 흘러 가을이 되자, 나무에 가득 열린 홍두 열매는 남편을 향한 그리움처럼 빨갛게 변하였다고 한다. 이 전설로 인해 중국에는 전통 혼례 때 신부들은 홍두를 실에 꿰어 만든 팔찌나 목걸이를 하는 풍습이 남아 있다.

왕유상. 시안(西安)의 대안탑광장(大雁塔廣場)에 있는 왕유의 상과
표지석이다.

청대 호석규(胡錫珪 : 1839~1883)가 그린
왕유의 〈상사〉시 시의도

09 이백

1. 황산을 노래하다.

황산(黃山)에 오른 그 해 여름은 몹시도 무더웠다. 그 해 7월 상하이, 항저우, 난징 여행을 마친 나는 황산 여행을 위해 상하이 홍챠오(虹橋) 공항에서 동방항공을 타고 안후이(安徽)성 황산 인근의 툰시(屯溪) 공항으로 향했다.

"오악(五嶽)인 태산(泰山)·화산(華山)·형산(衡山) ·항산(恒山)·숭산(嵩山)을 보고 나면, 다른 산을 보고 싶은 생각이 없어지고, 황산을 보고나면 그 오악마저 보고 싶은 생각이 없어진다.(五嶽 歸來不看山, 黃山歸來不看嶽)"라고 일찍이 지리학자요 여행가였던 명대의 서하객(徐霞客)이 갈파한 적이 있었는데, 황산에 오른 며칠 뒤, 오악 가운데 으뜸이라는 태산을 오르고 나서야

황산 입구.
상하이 세계박람회의 마스코트인 하이바오(海寶)가 서 황잉(黃鶯) 촬영

나는 이 말을 실감했다.

　황산은 진나라 이후로 '검을 이' 자를 써서 이산(黟山), 즉 검은 산이라 불렸는데, 당대(唐代)에 들어 지금의 이름인 황산으로 바뀌었다. 중국 전설상의 황제(黃帝)가 이곳에서 연단을 수련한 후 하늘로 올라간 것을 기념하여 이름을 바꾼 것이다. 상하이발 툰시행 비행기는 쌍발 프로펠러 비행기였다. 비행

...빅 기암괴석. 황산은 이외에 운해, 기송,
...2로 유명한데 이 네 개를 '황산4절'이라 칭한다.
...이(秦冬梅) 촬영

오어봉(鰲魚峰).
자라를 닮은 봉우리라해서 이렇게 불린다.
친동메이(秦冬梅) 촬영

국경절을 맞아 수많은 관광객들이
오어봉의 돌계단을 오르내리고 있다.
리웨이란(李蔚藍) 촬영

기에 오르며 과연 안전하게 도착할 수 있을까 염려가 되기도 했다. 지금이야 국제선 국내선 가릴 것 없이 최신 비행기가 하늘을 누비고 있지만, 당시만 해도 비행기 사고가 가장 빈번하게 발생하는 나라가 중국이 아니던가. 비행기에 오르니 통로 좌우에 2열로 좌석이 배열되어 있는데 좌석 등받이가 전부 앞으로 접혀 있었다. 단단히 고정시켜도 시원찮을 텐데 하고 생각하며 좌석 등받이를 제치고 앉았다. 한참 비행을 하는데 난데없이 시야가 희뿌연 하

게 흐려졌다. 이리 저리 둘러보니 좌석 위쪽의 짐받이 부분에서 에어컨이 터져 수증기가 자욱하게 피어올라 앞이 보이지 않을 정도였다. 수증기가 퍼져 객실 내부가 온통 자욱해졌는데도 승무원들은 별일 아니라는 듯 아랑곳하지 않고 무표정한 얼굴로 보고만 서 있었다. 내내 흔들림 없이 잘 가던 비행기가 갑작스레 요동을 치기 시작했다. 흔들리는가 싶더니 이내 아래로 쑤셔 박히는 느낌이다. 비행기가 작아서 대기압 차이가 나는 곳에서는 제멋대로라는 설명이었다. 주먹 쥔 손에 땀이 흥건해지고 애간장을 녹이며 툰시공항에 가까스로 도착한 후 툰시 시내의 숙소로 향하였다.

이튿날 아침 서둘러 일어나 택시로 1시간을 달려 황산 기슭의 온천지구(溫泉區)에 도착하였다. 황산이 병풍처럼 바로 나의 앞을 가로막고 서있었다. 황산에 오르기도 전부터 눈앞에 펼쳐진 풍경에 압도되었다. 산수화에서나 볼 수 있는 검불그스름한 기암괴석이 연출해낸 신비스럽고 기이한 풍경들이 거짓말처럼 정말 내 앞에 서 있었다. 그림 속으로 몇 걸음 옮기지도 않았는데 나는 어느새 선계에 들어선 신선이라도 된 듯했다. 황산은 기이한 봉우리가 수도 없이 많은데, 그 중 천도봉(天都峰)·연화봉(蓮花峰)·광명정(光明頂)이 3대 주봉으로 꼽히고 있다.

황산은 기암괴석·기이한 소나무·운해·온천 등이 특히 뛰어나 이를 '황산사절(黃山四絶)'이라 부른다. 황산의 기암괴석에 대해 시인 이백(李白)은

황산 사천 길 높이에	黃山四千仞
서른 두 개의 연꽃 봉오리	三十二蓮峰
붉은 벼랑에 수많은 돌기둥	丹崖夾石柱
도톰한 연꽃과 금빛 연꽃	菡萏金芙蓉

라고 <황산 백아봉 거처로 돌아가는 온처사를 전송하며(送溫處士歸黃山白鵝峰
舊居)> 라는 시에서 읊은 바 있다. 수·당대 이전에 황산을 그림으로 그리거
나 노래한 화가와 시인은 매우 드물었는데, 이백이 황산의 아름다움을 일찍
이 간파하여 시로 이를 묘사하였던 것이다. 이백은 황산의 수많은 기암괴석
들을 연꽃으로 묘사하고, 그 기암괴석들이 제각각의 자태를 뽐내고 있음을
과장과 기발한 비유를 들어 그려내고 있다.

…산의 영객송.
…나무의 형상이 흡사 손님을 맞이하는 주인의
…습을 하고 있다고 해서 이렇게 불린다.
…레이란(李蔚藍) 촬영

영객송 옆에는 주더의 '풍경여화' 등의 글자가
새겨진 바위가 있다. 통리쥔(童麗君) 촬영

등산객들이 영객송을 배경으로 운해로 뒤덮인
황산을 카메라에 담기에 여념이 없다.
통리쥔(童麗君) 촬영

나는 황산의 대표적인 등산 코스인 자광각(慈光閣) - 반산사(半山寺) - 옥병
루(玉甁樓) - 연화봉 - 광명정의 등정에 나섰다. 등정에 나서자마자 중국의 가
마꾼들이 몰려들어 대나무로 만든 가마를 타고 올라가라고 재촉한다. 1인당
300위안이라 했다. 그 가파른 산을 오르내리는 그들의 종아리의 똘똘 뭉쳐
불룩 튀어나온 근육은 보기에도 단단한 돌처럼 느껴졌다. 아무리 빨라도 5시
간 이상은 족히 걸릴 등산 코스, 자신의 한 몸 추스르기도 힘든 가파른 돌계
단 길을 두 사람이 앞뒤에서 가마를 둘러메고 오른다니 말문이 막힐 뿐이었

63

다. 나는 아직은 건강한 두 다리에 감사하며 돌계단을 하나씩 밟아 오르기 시작했다. 황산을 오르는 등산객 대다수는 중국인들이었다. 황산 입구에서 보았던 그 수많은 외국인들은 거의 눈에 띄질 않았다. 하기야 케이블카를 타면 손쉽게 올라갈 산을 힘들여 올라갈 필요가 있을까하고 생각들을 하고 있는지도 모를 일이었다. 전국 각지에서 모여든 관광객들은 바위를 깎아 만든 등산로가 너무 가팔라서 가쁜 숨을 몰아쉬며 산을 오르는 데에만 열심이다. 오르다 힘들면 계단 옆의 벤치에 앉아 쉬다 다시 오르고, 그것마저 힘들면 계단에 털썩 눌러 앉기도 한다. 앞에 가던 한 아가씨는 계단을 오르다 더위에 지쳤는지 치마를 한껏 걷어 올리고 팬티가 훤히 다 보이도록 계단의 중간에 아래쪽을 향해 앉아 있다. 아래쪽을 향해 계단에 앉아 있는 아가씨도, 계단을 오르는 다른 중국인들도 모두 무덤덤한데, 나만 얼굴이 화끈거려 애써 아가씨를 외면하며 산 오르기를 계속했다. 산의 나무는 대부분 소나무였다. 하지만 우리나라의 소나무와는 사뭇 달랐다. 황산의 소나무는 우리나라의 낙락장송과 같은 친숙함과 여유로움은 느낄 수 없다. 하늘을 향해 힘차게 쭉쭉 뻗어 올라간 자태와 붉은 색 갑옷을 입은 듯한 붉은 껍질은 감히 가까이할 수 없는 위엄만을 느끼게 했다. 천도봉을 옆으로 하고 옥병루에 오르니, 옥병루의 바위에 뿌리를 내리고 천년 이상을 살며 등산객을 맞아주고 있는 소나무인 잉커송(迎客松)과 옥병루 동쪽

명말 청초 화가 홍인(弘仁 : 1610~1664)이
그린 황해송석도(黃海松石圖).
황산 후해(後海)일대의 노송과 기암괴석을 굳
결한 필체로 표현하였다.

석벽에 있는 중국 홍군 총사령관이었던 주더(朱德)의 '풍경여화(風景如畵)'라는 글씨만이 세월의 무상함을 이야기해 줄 뿐이었다. 평지를 걷는가 싶더니 갑자기 경사가 70도 이상이 되는 가파른 절벽이 우리를 막고 서 있었다. 위에 올라가는 어느 누구라도 발을 헛디뎌 밑으로 구른다면? 생각만 해도 아찔했다. 이 절벽 난간에는 체인을 연결하여 등산객들이 안전하게 올라가게 했고, 혹시라도 모를 추락의 위험을 막고 있었다. 그런데 체인이 있는 곳에는 어김없이 고리마다 자물쇠들이 빼곡히 채워져 있었다. 황산에 온 연인들이 자신들의 사랑이 자물쇠를 채워놓은 것처럼 단단하게 연결되기를 바라는 염원에서 자물쇠를 채우고 열쇠를 계곡으로 던져버린다. 그 자물쇠가 녹이 슬어 벌겋게 변해버린 그 때까지, 그리고 자물쇠가 삭아 없어질 때까지 그들의 사랑이 영원하길 마음속으로 빌었다. 오전 9시부터 산을 오르기 시작하여 꼬박 10시간 만에 나는 황산 정상에 도착했다. 황산 정상에서 하루 밤을 보낼 요량으로 이미 석고봉(石鼓峰) 아래의 호텔 '서해빈관(西海賓館)'을 예약해놓은 터였다. 호텔 부근 정자의 벤치에는 날이 어둑어둑해지자 두꺼운 옷을 챙겨 노숙할 준비를 하고 모여드는 사람이 있었다. 남송(南宋)의 오용한(吳龍翰)이 연화봉 정상에서 하루 밤을 노숙했던 것처럼. (만 길이나 넘는 붉은 벼랑 끝에 올라, 연화봉 정상에서 노숙을 하였다.(上丹崖萬仞之巓, 野宿蓮花峰頂. <유황산기(游黃山記)>))

간단히 샤워를 끝내고 나는 서둘러 호텔 식당으로 내려갔다. 하루 종일 굶으며 산행을 했기에 몹시 피곤하고 시장했다. 그러나 음식 값을 물어본 후 나는 아연실색하지 않을 수 없었다. 다른 요리는 너무 비싸서 엄두도 내지 못한 나는 그 중 가장 싼 흰죽 한 그릇으로 황산에서의 만찬을 끝내야 했다. 그 흰죽 한 사발 값도 자그마치 60위안이나 되었다. 나는 이 세상에서 가장 비싼 죽 한 사발을 먹은 것이었다. 산 정상의 물가가 비쌀 수밖에 없는 것은 음식 재료를 케이블카로 운반한다 해도 케이블카 종점에서 호텔까지는 사람들이 대나무 봉에 물건을 앞뒤로 매달아 다시 1시간 이상을 산길로 운반해야 하기 때문이었다. 이튿날 아침 나는 운해(雲海)를 보기 위해 청량대(淸凉臺)에 올랐다. 이미 수많은 사람들이 나와 있었다. 맑기만 하던 온 천지에 안개가 밀려들기 시작하여 이내 산 봉우리만 남기고 산허리 아래를 집어삼켜 금세 구름바다가 산을 휘감아 돌고 있었다. 대자연의 무궁한 조화 앞에 인간의 왜소함을 느끼는 순간이었다. 전날 호텔의 음식 값에 기가 질려버린 나는 아침도 거른 채 서둘러 하산을 하였다. 케이블카를 탈 수 있는 곳까지 걸어 내려와 60위안을 내고 10시간 걸려 올라갔던 산길을 단 5분 만에 내려와 그림 밖의 세계로 나왔다.

그날 오후 베이징행 동방항공 비행기 안에서도 황산의 기기묘묘한 자태는 여전히 내 눈앞에 아른거렸다. 베이징에 도착한 후에도 안개 많은 황산에서만 재배되는 황산 모봉차(毛峰茶)를 타놓고 차 향기에 젖으며 다시 황산의 품안에 안기려 그 몇 번이나 눈을 감았는지 모른다.

이백의 고향인 쓰촨성 장요 청련향(靑蓮鄕)의 이백 생가.
입구 바닥에는 청련을 형상화한 조각품이 있다.
뤼펑(呂澎) 촬영

쓰촨성 장요에 있는 이백 기념관.
뤼펑(呂澎) 촬영

이백은 자는 태백(太白), 호는 청련거사(靑蓮居士)로 신장(新疆)성의 소수 민족 거주 지역에서 태어났다. 어머니가 꿈에 장경성(長庚星 : 금성의 별칭으로 태백성이라고도 한다)을 보고 그를 낳았기에 그의 이름을 '백(白)'이라 지었다. 이백은 5살 때 아버지를 따라 쓰촨성 장요(江油)로 옮겨와 살았고, 10살 때 이미 오경(五經)에 통달했을 정도로 재능이 남달랐다. 이백은 젊을 때 오랫동안 각지를 유람하였고, 평소 종횡술(縱橫術)을 좋아하고 칼을 휘두르며 의협심을 발휘했으며, 재물을 중시하지 않고 즐겨 남에게 베푸는 것을 좋아하였다. 개원(開元) 24년(736년) 그는 아내와 딸을 데리고 런청(任城 : 지금의 산둥(山東)성 지닝(濟寧))으로 이사와 23년을 거주하였는데, 이 때문에 지닝은 이백의 제2고향으로 간주되고 있다. 이 당시 이백은 공소보(孔巢父), 한준(韓准), 배정(裴政), 장숙명(張叔明), 도면(陶沔) 등과 산둥성의 조래산(徂徠山)의 죽계(竹溪)에서 노닐며 자신들을 '죽계의 호걸 6인(竹溪六逸)'이라 이름 짓고, 날마다 흐드러지게 술을 마시며 호탕하게 지냈다.

지닝에서 23년간 생활한 이백의 흔적을 찾는 것은 생각보다 쉬웠다. 이백의 대표적인 유적지인 태백루는 지닝시의 중심가에 위치하고 있었고, 태백루는 대로의 이름으로 도로 표지판에 쓰여 있어서 찾기가 수월했다.

태백루.
이백의 발자취를 찾기 위해 지닝까지 왔건만 아쉽게도 태백루는 보수중이어서 들어갈 수가 없었다. 태백루의 앞의 도로는 공사중으로 도로의 웅덩이에는 물이 흥건히 고여 있고 입구는 이백기념관 임을 알리는 간판과 사진관의 간판이 어지러이 걸려 있었다.

태백루 광장, 태백루 앞의 고운하 천변에 광장을 조성하여 이백을 기념하고 있다

지닝의 고운하. 태백루광장 바로 앞의 고운하, 지닝시는 환경을 정비하고 시민들의 휴식 공간 제공하기 위해 고운하 정비 사업에 여념이 없었다.

천보(天寶) 초에 장안으로 와서, 자신의 시를 하지장(賀知章)에게 바쳤는데, 하지장은 이백의 <촉으로 가는 길의 어려움(蜀道難)>을 읽고는 감탄하며, "그대는 정녕 인간 세상에 귀양 온 신선이오.(子謫仙人也)"라고 하면서 금으로 만든 거북 허리띠(金龜)를 풀어 술로 바꾸어 종일토록 즐기다가 현종에게 이백을 추천했다. 이백은 황제와 문학을 논하는 한편 문장을 지어 황제에게 바쳤는데, 황제는 매우 기뻐하며 그에게 음식을 내리고, 아울러 손수 국의 맛을 보아주기까지 하였다(御手調羹). 황제의 신임이 두터워지자, 이백은 황제 앞에서 만취한 채로 조서를 짓기도 하고, 환관 고력사(高力士)에게 신발을 벗기게 하고, 양귀비에게 먹을 갈도록 하는 등 오만방자하게 행동하였다. 고력사는 이백에 앙심을 품고 있다가, 이백의 <아름다운 귀비여(淸平調)> 시 가운데 조비연(趙飛燕)의 전고를 인용한 부분을 골라, 양귀비와 이백의 사이를 이간질하였다. 이 때문에 황제가 이백에게 관직을 주려고 할 때마다, 양귀비는 번번이 이를 가로막았지만, 이백의 방약무인한 행동은 고쳐지지 않았다.

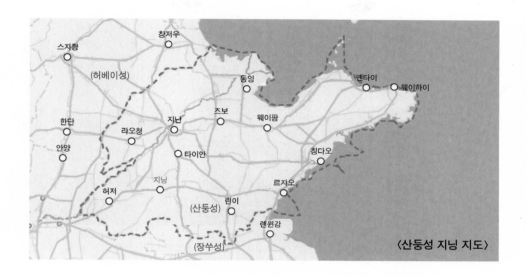

〈산둥성 지닝 지도〉

　　안록산(安祿山)의 반란으로 현종이 촉지방으로 피난을 가야 했을 때, 영왕(永王) 이린(李璘)은 여산(廬山)에서 은거하고 있는 이백을 막료로 임명하였다. 그러나 이린의 반란이 실패로 돌아가자, 이백은 체포되어 옥에 갇히게 되었다. 이 전에 이백은 곽자의(郭子儀)를 만나 그에게 은혜를 베푼 일이 있었는데, 이백이 죄를 짓고 갇히는 신세가 되자 곽자의는 조정에 자신의 관작을 반납하고 이백의 죄를 면하게 하는 것으로 자신이 입은 은혜를 갚았다.

　　이백은 만년에 황제(黃帝)와 노자(老子)의 도가 학설을 좋아하였고, 우저기(牛渚磯 : 현재 안후이(安徽)성에 속함)를 배를 타고 건널 때, 술에 취한 채 달을 잡다가 물에 빠져 죽었다는 전설은 그의 신화적인 일생에 신비감을 더해 주기에 충분하다.

검문관(劍門關). 중원 지방에서 촉으로 들어가는 중요 관문으로 이백은 그의 시에서, 병사 한 명이 관문을 막으면 만 명의 적군도 뚫지 못할 것이라고 읊조린 바 있다.
자징(賈靜) 촬영

청대 화가 원요(袁耀 : 생졸년 미상)가 그린 〈촉으로 가는 길의 어려움(蜀道難)〉시 시의도. 하지장은 이백의 이 시를 읽고 감탄하며, "그대는 정녕 인간 세상에 귀양 온 신선이오." 라고 극찬하였다.

2. 양귀비를 찬미함

현종이 평생 그토록 사랑해 마지않았던 양귀비. 다음 <아름다운 귀비여 (淸平調)>시는 이백이 현종(玄宗)의 명을 받들어, 현종과 양귀비(楊貴妃)가 침향 정(沈香亭)에서 모란을 감상하는 것을 묘사한 시로 양귀비의 아름다움을 부각 시키기 위해 지은 작품이다.

모란꽃과 경국지색 모두 기쁨을 주어	名花傾國兩相歡
왕은 늘 웃음 지으며 바라보네	常得君王帶笑看
봄바람 부는 날 왕의 끝없는 근심 풀고자	解釋春風無限恨
침향정 북쪽 난간에 기대어 섰네	沈香亭北倚闌干

위에서 명화(名花)는 당대부터 중국의 국 화로 여겨졌던 모란꽃을 말하는 것이며, 경 국(傾國)은 나라를 위태롭게 할 정도의 미모 를 가진 절세가인을 이르는 말이다. 여기에 는 다음과 같은 고사가 있다. 한(漢) 무제(武 帝) 때 협률도위(協律都尉)였던 이연년(李延年) 이 자기 누이동생을 칭찬하여 지은 시 중 에 "북쪽에 어여쁜 사람이 있어, 어느 누구 도 비길 수 없이 우뚝 홀로 서 있네. 한번 돌아보면 성을 위태롭게 하고, 두 번 돌아 보면 나라를 위태롭게 한다. 어찌 성이 위 태로워지고 나라가 위태로워지는 것을 모

한 무제의 총애를 받았던 이부인. 『명각역대백미도(明刻歷代百美圖)』 (천진인민미술출판사, 2003년)

71

르리오, 어여쁜 사람은 다시 얻기 어렵도다. (北方有佳人, 絶世而獨立. 一顧傾人城 , 再顧傾人國. 寧不知傾城與傾國, 佳人難再得.)"라고 노래한 것을 무제가 보고 그 여인에게 관심을 갖게 되었다. 무제는 그때 이미 50고개를 넘었는데 사랑하는 여인도 없이 쓸쓸한 처지였기에 당장 그녀를 불러들이게 하였다. 무제는 그녀의 아름다운 자태와 날아갈 듯이 춤추는 솜씨에 매혹되었는데, 이 여인이 무제의 만년에 총애를 독차지하였던 이부인(李夫人)이었다. 여기에서는 빼어난 미모의 양귀비를 말하는 것이다.

올 여름 양귀비와 현종의 흔적을 찾기 위해 큰 딸 예지와 함께 시안(西安) 인근의 화청지(華淸池)를 찾았다. 화청지는 시안의 동쪽으로 30킬로미터 떨어진 린통(臨潼)의 여산(驪山) 기슭에 있는 당나라 시대의 행궁이다. 이 행궁은 약 3,000여년의 유구한 역사를 지니고 있다. 주(周)나라 유왕(幽王)이 이곳에 행궁을 지은 이후로 여러 왕조에서 이곳을 행궁으로 활용하였다. 그 이후 당나라 현종 대에 이르러 대대적인 공사를 하여 온천물이 솟아 나오는 그곳에

화청지 입구.
입구 현판의 글씨는 중국의 유명 현대 작가인
궈모뤄(郭沫若)의 글씨다.

화청지 앞의 비석 앞에서

양귀비 석상. 방금 목욕을 끝낸 양귀비의 요염한 자태다. 여름방학을 맞아 전국 각지에서 몰려든 관광객들로 화청지 경내는 그야말로 인산인해였다. 양귀비와 단 둘이 사진을 찍고 싶었으나 이룰 수 없는 소망이 되어버렸다.

거대한 욕탕을 만들고, 그 주위에 많은 궁궐을 지었다. 현종은 매년 10월에 수많은 비빈들을 대동하고 이곳에 와서 겨우 내내 즐기다가, 이듬해 봄이 되어서야 장안의 궁궐로 돌아갔다. 기록에 의하면 그가 황제로 재위한 45년 동안 무려 36차례나 이곳을 찾았다고 한다.

우리는 먼저 화청지를 찾아가기 위해 시안역으로 향하였다. 호텔을 출발할 때부터 호객꾼들이 달라붙어 여행사의 1일 관광 상품으로 다녀오라고 아우성들이다. 비용도 비쌀 뿐만 아니라, 내가 가고자 하는 곳만을 시간을 아껴 부지런히 다녀와야 하기에 모두 사양하였다. 시안역에 도착하니 화청지와 인근의 병마용으로 가는 버스가 쉼 없이 출발하고 있었다. 쾌적한 버스를 타

린통의 여산.
이 여산의 기슭에 화청지가 자리 잡고 있는데,
이곳의 석양은 예로부터 유명하다.
판샤오옌(樊曉燕) 촬영

고 약 1시간을 달려 화청지 문 앞에 도착하여 경내로 들어갔다. 제법 이른 시간에 호텔을 나서 이곳에 왔다고 생각하고 있었는데, 화청지 경내는 이미 전국 각지에서 온 관광객들로 넘쳐나고 있었고, 특히 양귀비 석상 주위는 그녀와 함께 사진을 찍으려는 사람들로 인해 그야말로 발 디딜 틈이 없었다. 여행 다니기를 좋아하는 중국 사람들임을 다시 한번 확인할 수 있었다.

3. 천개의 섬을 가진 호수

몇 년 전, 중국 현지에서 맞은 5월 1일 노동절의 열기는 대단했다.

5월 1일부터 5월 7일까지의 1주일 황금연휴를 보내기 위한 준비가 1달 전부터 시작되는 것 같았다. 특히 여행 특수를 노린 여행사들의 여행상품은 연일 신문을 뒤덮었고, 사람들은 해외여행, 국내 장단기 여행 계획을 세우느라 분주했다.

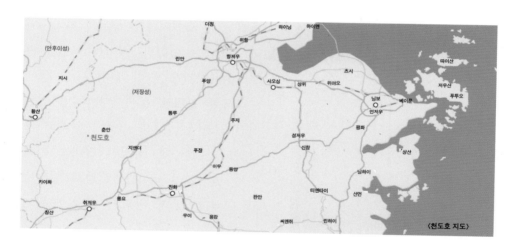

〈천도호 지도〉

황금연휴가 시작되자, 여행을 떠나는 사람들과 고향을 다녀오려는 대학생들로 역과 터미널, 그리고 공항은 사람들로 넘쳐났고, 백화점들은 매출을 올리기 위해 대대적인 할인 행사를 했다. 그러나 이 시기에 판촉을 위한 대폭적인 할인 행사만 있는 것은 아니었다. 한꺼번에 수많은 사람들이 이동을 하다 보니, 이 시기를 노려 대목을 보려는 업종 또한 있었다. 대표적인 업종이 수송과 호텔 업종이었다. 평상시 60% 할인까지 해주던 국내선 비행기표는 공시가 그대로 받아도 표를 구하기가 쉽지 않았다. 또한 유명 관광지의 호텔

천도호는 중국 저장성 서부에 조성한 인공호수이다. 후핑(胡泙) 촬영

호수에 천개 이상의 섬이 있어서 천도호라 불린다. 추이디(崔迪) 촬영

들은 평상시의 2배 가까이 비싼 호텔비를 요구하기도 했다. 가장 이해가 안 되는 것은 교통비였는데, 노동절 기간 동안에 시외버스와 고속버스의 차삯이 무려 20% 이상 인상된다. 심지어는 택시 요금마저도 20% 이상 인상하는 지역도 있다.

그해 연구년을 맞아 닝보(寧波)에서 연구에 몰두하고 있던 나는 노동절 연휴를 맞아 그곳에서 300킬로미터 정도 떨어진 춘안(淳安) 신안강(新安江)의 천도호(千島湖)에서 휴가를 보내기로 하였다.

30명 정도 탈 수 있는 중간 정도 크기의 낡은 버스를 타고 닝보를 출발하였다. 닝보에서 천도호에 가려면 항저우를 경유해서 가는 길이 가장 빠르다. 2시간 정도 달려서 항저우 부근의 휴게소에서 잠시 휴식을 취한 버스는 또 다시 달렸다. 채 10분도 가지 않은 버스는 큰 도로를 벗어나 작은 도로를 거슬러 가더니 오물 투성이의 허름하기 짝이 없는 꾀죄죄한 음식점에 승객을 내려놓았다. 이미 그곳에는 여러 대의 버스가 정차해 있었다. 이곳에서 운전기사가 점심 식사를 해야 한다고 했다. 승객들도 이곳에서 식사를 하라는 눈치였다. 그러나 그곳의 음식을 보고서는 어느 누구도 밥을 사먹지 않았다. 운전기사 1인의 점심 식사를 위해 승객 모두가 20분을 기다려야만 했다. 버스는 바튼 기침 소리를 내며 또 다시 달렸다. 아니나 다를까, 낡아빠진 버스는 중간에 갑자기 엔진 고장으로 멈추어 서고 말았다. 나는 속으로 해지기 전에 도착하기는 글렀다고 일찌감치 체념을 했다. 운전기사는 이리 저리 연락을 하는 것 같았다. 그런데 뜻밖에도 잠시 후 관광버스 한 대가 다가서서 그 버스에 옮겨 타라고 했다. 나중에 여행에서 돌아와 이 이야기를 중국인 친구에게 하였더니, 그렇게 재빨리 다른 차를 배차하여 승객들을 목적지에까지 데려다 준다는 것은 중국에서는 상상할 수 없는 일이라고 놀라워하기까지 했다. 우리는 그렇게 쉽사리 모습을 보여주려고 하지 않는 신안강(新安江)의 천도호에 우여곡절 끝에 5시간 만에 도착했다.

천도호의 맑은 물. 얕은 곳 깊은 곳 가리지 않고 바닥까지 훤히 보인다.

천도호 내의 카이위엔(開元) 리조트에서 내려다 본 천도호의 모습

　예로부터 물이 맑기로 유명한 신안강에 천도호가 있다. 남조(南朝) 시대의 유명한 문학가인 심약(沈約)도 신안강에 와 보고선, 신안강의 물은 수정처럼 맑아 얕은 곳 깊은 곳 가리지 않고 강바닥까지 다 보인다고 맑은 물을 칭송한 바 있는데, 천도호의 물 맑기는 예전이나 지금이나 마찬가지인 듯했다. 나도 지금까지 중국 내륙 지역에서 이렇게 물이 맑은 지역을 본 적이 없으니 말이다.

　천도호는 중국 저장(浙江)성 서부에 있는 호수로 댐을 쌓아 조성한 인공호수이다. 호수 면적이 573 평방킬로미터로, 우리나라의 소양강댐의 8배에 해당하는 거대한 호수이다. 댐 건설로 인해 크고 작은 수많은 산들이 물에 잠겨 섬으로 변하였는데, 그 섬의 수가 자그마치 1,078개에 달했다. 이에 천도호라 불리게 된 것이다.

이곳은 또한 연속극 대장금(大長今) 출연으로 중국에서 최고의 인기를 구가하고 있는 이영애 씨와도 관련이 있어 더욱 우리의 관심을 끄는 곳이기도 하다. 당시 이영애 씨는 유명한 생수와 음료수 기업인 '농푸산취엔(农夫山泉)'이라는 회사의 광고 모델이 되어, 이곳에서 광고를 촬영했다. TV CF에서 자주 그녀를 만날 수 있고, 음료수 페트병마다 그녀의 아름다운 자태를 볼 수 있어 반갑기 그지없었다. 그런데 그 생수의 수원지가 바로 이곳 천도호에 위치하고 있다. 그만큼 천도호의 물은 맑을 뿐 아니라 물맛이 뛰어나다 하겠다.

천도호의 한 슈퍼마켓에서 만난 이영애 씨의 광고 포스터

그럼 이백이 읊은 <청계에 가다(淸溪行)> 시를 보자.

청계의 물은 나의 마음까지도 맑게 하는데,	淸溪淸我心
물 색깔이 다른 물과 달리 맑기도 하네	水色異諸水
묻노니, 맑디맑다는 신안강도	借問新安江
강바닥이 이처럼 보일까?	見底何如此
사람들은 명경 속을 거닐고	人行明鏡中
새들은 병풍 속을 날아 오르네.	鳥度屛屛裏
해질녘 원숭이 울음소리만이	向晩猩猩啼
공연스레 나그네 마음을 쓸쓸하게 하네	空悲遠游子

　이 시는 당(唐) 천보(天寶) 12년(753) 가을 이백이 청계를 유람하며 지은 시이다. 청계의 맑은 물로 자신의 세속에 물들지 않은 심사를 표현하고 있다. 그 맑다고 이름 높은 신안강의 물보다도 청계의 물이 훨씬 맑으리라 추측하고 있다. 이어 이백은 청계를 명경에, 양 기슭의 산을 병풍에 비유하고 있다. 즉 강기슭을 걸어가는 사람들의 그림자와 산 위를 날아오르는 새의 그림자가 청계에 드리워지는 것을 이렇듯이 멋들어지게 묘사하고 있는 것이다. 그런데 혼탁한 세상을 떠나 이렇듯이 맑은 세상으로 왔건만 마음의 쓸쓸함을 모두 털어내지는 못하고 있음을 드러내고 있다. 해질녘 들려오는 원숭이들의 울음소리가 타향을 떠도는 시인의 우울한 정서를 재촉하고야 만다.

　맑디맑은 신안강물보다도 더 맑다는 청계는 안후이(安徽)성 츠저우(池州)에 위치하고 있다. 청계의 물도 신안강의 물처럼 여전히 투명함을 간직하고 있을까?

4. 노세 노세 젊어서 노세

　　시간이 한번 흘러가 다시 돌아오지 않음을, 공자는
황하가 흘러가는 것에 비유하여, "가는 것이 모두 이와
같구나, 밤낮을 가리지 않는구나(逝者如斯夫, 不舍晝夜)"
라고 탄식한 적이 있다. 옛 사람들 또한 세월이 빨리
지나가는 것을 "백구과극(白駒過隙)"이라 묘사하였는데,
그 묘사가 어쩌면 그리도 절묘할까 하는 생각을 다시금
하게 된다. 백마가 달려가는 것을 문틈으로 바라보듯이
세월은 그렇게 하염없이 지나가고 있는 것이다. 덧없는
세월을 노래한 이백의 <장진주(將進酒)>시를 보도록 한다.

송대 마린(馬麟)이 그린 〈병촉야유도(秉燭夜遊圖)〉. 옛 사람들의 인생무상에 대한 관념을 엿볼 수 있다.

그대는 보지 못했는가?	君不見
황하의 물이 하늘에서 내려와	黃河之水天上來
세차게 바다로 흘러 다시 돌아가지 못함을	奔流到海不復回
그대는 보지 못했는가?	君不見
높은 집 명경 속 백발 서러워함을	高堂明鏡悲白髮
아침에 검은 실 같더니 저녁에는 흰 눈 같네	朝如靑絲暮成雪
인생이란 뜻대로 될 때 마음껏 즐겨야지	人生得意須盡歡
황금 잔을 빈 채로 달 아래 그냥 두지 말게나	莫使金樽空對月
하늘이 내게 주신 재능은 반드시 쓸모가 있는 법이요	天生我材必有用
천금은 다 써 버려도 다시 돌아오리	千金散盡還復來

　　술을 노래한 많은 시 가운데 단연 돋보이는 작품이라 할 만하다. 쏜살같
이 흘러가는 세월 앞에서 허송세월 말고 인생을 만끽하라고 권하고 있다. 이

백은 위 시외에도 <춘야연도리원서(春夜宴桃李園序)>라는 문장에서도 봄날 달빛 아래 여러 형제들과 함께 즐기면서 다음과 같이 읊조린 바 있다.

> 뜬 구름 같은 인생이 꿈과 같으니, 즐거움을 누릴 때가 그 얼마나 되겠는가?
> 옛 사람이 촛불을 잡고 밤에도 노닌 것은 진실로 까닭이 있는 것이다.
> (浮生若夢, 爲歡幾何. 故人秉燭夜遊, 良有以也.)

위에서도 이백은 인생은 꿈과 같으니 때를 놓치지 말고, 제 때에 인생을 즐겨야만 한다고 주장하며, 옛 사람들이 밤에도 불을 밝혀 풍류를 즐겼던 것에는 그럴만한 이유가 있었던 것이라고 주장하고 있다.

술을 위해 이 세상에 태어났고, 술로 세상을 떴다라고 해도 과언이 아닐 이백의 생애는 여전히 신비로움으로 쌓여있다.

이백의 선조는 당(唐) 황실과 관련이 있다고 주장하는 이가 있는가 하면, 이백은 중국 사람이 아니라 중앙아시아의 키르기스스탄 사람이라고 주장하는 이 또한 있기도 하다. 그러나 일반적으로 이백은 신장(新疆)성의 소수 민족 거주 지역에서 태어나, 5살 때 지금의 쓰촨성 장요(江油)로 이주해 온 것으로 알려져 있다.

장년이 된 후, 시적 재능을 인정받아 장안의 궁궐에까지 들어가게 된 이백이 술에 취해 양귀비에게 먹을 갈게 하고, 당시 막강한 권력을 지니고 있던 환관 고력사(高力士)에게 자신의 신발을 벗기게 했다는 그의 거침없는 행동은 이미 이야기한 바 있다.

장안에 와서도 이백은 여전히 술이 있는 곳은 어디든 가지 않는 곳이 없을 정도였다. 당시 장안은 최고의 국제도시로서 손색이 없을 정도로 세계 여러 나라 사람들이 모여드는 곳이었다. 장안에는 동시(東市)와 서시(西市) 두 개

이백이 어린 시절을 보낸 쓰촨성 장요에 있는 태백공원.
공원 내에 호수와 수 많은 정자가 조성되어 있다.
뤼펑(呂澎) 촬영

이백의 발자취가 남아있는 저장성 진윈(縉云)에
있는 정호봉(鼎湖峰). 높이 170미터인 이 봉우리
는 죽순처럼 하늘을 향해 솟아 있다. 이 봉우리
뒷 편에는 '황제사우(黃帝祠宇)' 가 있다.

의 커다란 상권이 형성되어 있었는데, 서시에는 외국인이 문을 연 수많은 주점이 있었다. 주점은 당연히 외국인들이 직접 경영하였으며, 외국에서 데려온 아가씨들이 술시중을 들기도 하고, 술시중이 끝나면 손님들 앞에서 춤을 추고 노래를 불렀다. 당시 사람들은 이 주점을 주가호(酒家胡)라 불렀는데, 외국에서 들어온 외국인이 문을 연 주점이라는 뜻이었다. 이백의 시를 보면, 그는 이러한 주점에 상당히 자주 발걸음을 했음을 알 수 있다.

술을 좋아했던 이백을 기려 주점의 이름에는 태백주루(太白酒樓), '태백유풍(太白遺風)'과 같은 이름으로 지은 것이 많으며, 술 이름에도 이백과 관련 있는 것들이 많은데, 윈난(雲南) 따리(大理)의 술인 '호아환(呼兒換)', 후베이성(湖北省) 우한(武漢)의 술인 '백운변(白雲邊) 등은 이백의 시구에서 따온 이름들이다.

몇 년 전, 예지와 예인 두 딸과 함께 저장성(浙江省) 리수이(麗水)의 진윈(縉云)에 갔을 때, 뜻하지 않게 그곳에서도 이백의 흔적들을 발견할 수 있었다. 그 곳 진윈의 현령으로 있던 이양빙(李陽冰)을 찾아왔던 이백의 발자취를 확인할 수 있었는데, 이양빙은 이백의 종숙으로 당시 유명한 서예가였다. 이백이 죽은 후 이백의 작품을 모아 책으로 편찬했던 인물인데, 그의 기록에 따르면 이백은 병으로 세상을 떠난 것으로 되어 있다.

옆 봉우리에 올라 내려다 본 정호봉(鼎湖峰). 난간의 쇠사슬에는 연인들의 자물쇠가 빼곡히 채워져 있다. 연인들이 함께 이곳에 왔다가 영원한 사랑을 염원하며 자물쇠를 채운 후 열쇠는 계곡 아래로 내던진다.

술잔을 높이 치켜들고 있는 이백의 상. 올 여름 시안에서도 이백을 만날 수 있었는데, 시안의 대안탑광장에서 가장 사랑을 받는 시인의 석상이 바로 이백의 석상이었다.

그의 종숙인 이양빙이 현령으로 있던 저장성 진원에 있는 황제사우. 이곳에 가면 이양빙의 글씨를 볼 수 있다.

진원에 있는 황제사우의 현판. 이백의 종숙이었던 서예가 이양빙의 글씨이다.

그러나 민간에서는 이백이 배를 타고 술을 마시다, 술에 취해 강물에 비친 달을 잡기 위해 물에 뛰어들었다가 물에 빠져 죽었다는 지극히 낭만적인 전설을 지어냈다. 사람들은 그의 죽음까지도 술과 연관 지어 전설을 만들어냈으니, 이백은 정녕 술과는 떼려야 뗄 수 없는 주선(酒仙)이라 할 것이다.

5. 여산폭포를 바라보며

중국의 각지에 흩어져 있는 명산은 제각기 특색을 지니고 있다. 옛 사람들은 여러 명산의 특징을 다음과 같이 말한 바 있다.

> "태산은 푸른 소나무가 좋고, 화산(華山)은 하늘에 닿을 듯한 높디높은
> 봉우리가 좋다. 그리고 황산(黃山)은 운해(雲海)가, 여산은 폭포가 좋다."

여산의 "여(盧)"는 오막살이 혹은 초가집이라는 뜻이다. 이런 이름을 갖게 된 데에는 다음과 같은 전설이 전해져 온다.

주(周)나라 시절 광(匡)씨 집안의 7형제가 이곳에 와서 도를 닦았고, 그들이 모두 득도한 후 신선이 되어 하늘로 올라갔다. 그들이 하늘로 올라간 후 그들이 기거하던 오두막만이 산에 남겨지게 되어 여산, 혹은 광려(匡盧)라 불리게 되었다는 것이다.

여산에는 아름다운 폭포가 22개나 있다고 알려져 있다. 고래로 여러 시인 묵객들이 이곳을 찾아 여산 폭포의 장관을 찬미하였는데, 그 중 가장 대표적인 작품이 이백이 쓴 <여산폭포를 바라보며(望盧山瀑布)>라는 작품이다.

향로봉에 햇빛 비치자 자줏빛 안개 일고,	日照香爐生紫煙
멀리 보이는 폭포는 커다란 강을 걸어놓았네.	遙看瀑布挂前川
나는 물줄기 삼천 길을 곧장 떨어지니,	飛流直下三千尺
하늘에서 떨어지는 은하인가 하노라.	疑是銀河落九天

이 시는 이백이 지덕(至德) 원년(756) 여산(盧山)에 은거할 때 지은 것으로, 여산 폭포를 과장법과 상상력을 동원하여 생동감 넘치게 묘사하고 있다.

명대 심주(沈周 : 1427-1509)의 여산고(廬山高).
심주가 자신의 스승인 진관(陳寬)의 70세 생신을 축수하기 위해
그린 그림으로, 여산의 기백 넘친 폭포와 고결한 소나무, 숭고한
구름을 잘 묘사하고 있다.

명대 화가 사시신(謝時臣 : 생졸년 미상)의 〈망여산폭
포〉 시의도.
여산의 최고봉인 향로봉과 폭포를 사실적이고도 세밀
하게 묘사하였다.

여산. 산 정상 부근에까지 별장이 보인다. 리홍롄(李紅蓮) 촬영

　여산의 폭포 가운데 "삼첩천(三疊泉)"이라는 폭포가 단연 으뜸인데, 여산 제일의 기이한 풍경이라 손꼽히고 있다. 그래서 삼첩천을 보지 않으면 여산을 갔다 왔다고 할 수 없다는 말이 있을 정도이다.

　삼첩천 폭포는 총 길이가 155미터인데, 세 단계를 거쳐 물이 아래로 떨어진다. 가장 윗 부분은 낙차가 80미터에 달하여, 물줄기를 바라보노라면 하늘로 올라가는 용의 형상을 느낄 수 있다. 떨어진 물줄기는 평평한 계곡에 모아졌다가 또 다시 50미터 아래로 쏟아져 내리는데, 하얀 비단을 드리운 것처럼 보인다. 물은 또 한 번 절벽 아래로 세차게 30미터를 흘러내려 아래의 커다란 연못에는 짙은 물안개를 피어 올린다.

　여산은 세계적인 피서지로도 유명하다. 7월에서 9월까지의 평균 기온이 16.9도에 불과해 19세기 말부터 세계의 유명 피서지가 되었다. 세계 각지에서 온 사람들은 이곳에 각기 자신의 국가의 풍격과 멋을 따라 별장을 지었는데, 현재 이곳에 있는 630여 채의 별장은 만국 건축물 박람회장이라 말해도 손색이 없을 정도이다.

6. 새로운 것만을 좋아하는 세태를 비판하다

오래된 것을 싫어하고 새로운 것을 추구하는 것은 인지상정일 것이다. 사람마다 새로운 것만을 쫓는 사람들의 애정관을 비판하고, 죽음조차도 사랑하는 두 사람을 갈라놓지 못할 지고지순한 사랑을 꿈꾼다. 먼저 이백(李白)의 <백두음(白頭吟)> 시를 보자.

사마상여는 부를 지어 황금을 얻었는데　　　相如作賦得黃金
남자들이란 새 것 좋아해 다른 마음 품었네　　丈夫好新多異心
하루 아침에 무릉녀를 맞아들이려 하자　　　一朝將聘茂陵女
문군은 백두음을 지어 보냈노라　　　　　　文君因贈白頭吟

먼저 이백은 사마상여(司馬相如)와 탁문군(卓文君)의 고사를 인용하여 당시의 세태를 풍자하고 있다. 사마상여와의 사랑을 이루기 위해 밤에 사마상여를 따라 사랑의 도피행을 감행했던 탁문군이란 여성은 누구인가?

탁문군은 탁왕손(卓王孫)이라는 거부의 딸이었다. 그녀는 시집간 지 얼마 되지 않아 과부가 되어 친정 린충(臨邛)에 돌아와 있었다. 그녀는 탁왕손이 주최한 연회에 초청을 받아 악기를 연주하던 사마상여를 보고 첫 눈에 반한다. 그날 밤으로 둘이 야반도주를 하여 사마상여의 집 근처 시장에서 술을 팔며 생계를 이어가는 수밖에 없었다.

청대 화가가 그린 탁문군

　　그렇게 불같이 사랑했던 두 사람이었지만, 시간이 흐르고 사마상여의 지위가 올라감에 따라 둘 사이의 감정은 틈이 벌어지기 시작했다. 사마상여는 급기야 딴 마음을 품고 무릉(茂陵)의 한 여인을 첩으로 맞아들이려 하였다. 이에 탁문군은 <백두음>이라는 시를 지어 사마상여와 결별을 선언하였고, 사마상여는 딴 마음 품은 것을 단념하는 수밖에 없었다.

　　이백은 새 것만을 추구하는 남자들의 속성을 힐난하고, 이어 청릉대(靑陵臺)의 고사를 인용하여 영원한 사랑을 목청껏 노래하고 있다.

예로부터 득의해도 저버리지 않는 것은　　古來得意不相負

오직 청릉대 뿐인가 하노라　　只今惟見靑陵臺

　　청릉대의 고사를 살펴보면, 중국 전국시대 송(宋)나라 강왕(康王)의 신하 중에 한빙(韓憑)이라는 자가 있었다. 하씨(何氏)를 아내로 맞았는데 너무도 예뻤다. 강왕은 그녀를 빼앗고자 한빙을 옥에 가두고 성을 쌓는 벌을 내렸다. 생

문군정과 문군정 표지석.
탁문군이 이 곳의 물을 길어 술을 빚었다. 이 우물로 이미 2000여년이 지났지만 지금도 맑은 물이 고인다. 샤오창(蕭强) 촬영

이별을 한 아내는 몰래 남편에게 편지를 보냈는데, 그 내용을 다른 사람들은 이해하지 못하게 표현하였다. 아내는 "큰비가 주룩 주룩 내리고 강물은 깊어지고 해가 떠올라 가슴을 비춥니다." 라고 썼다. 중간에 그 편지를 손에 넣은 왕은 좌우의 신하들에게 보여주고 의미를 풀어내도록 하였다. 그러나 그 뜻을 이해하는 신하가 한 명도 없었다. 한 신하가 편지의 내용을 풀이하기를, "큰 비가 주룩 주룩 내린다고 하는 것은 수심과 그리움이 깊음을 말하는 것이고, 강물이 깊어진다 함은 서로 왕래할 수 없음을, 해가 떠올라 가슴을 비춘다 함은 마음에 죽을 각오가 되어 있다는 것을 말하는 것입니다."라고 풀이했다. 얼마 후 한빙은 스스로 목숨을 끊었다. 그의 아내는 몰래 자신의 옷을 썩히는 동시에 왕에게 그녀의 남편이 묻힌 곳을 바라만 볼 수 있어도 좋겠노라고 간청했다. 왕은 그 간청을 받아들여 그녀와 함께 높은 누대인 청릉대에 올랐다. 기회를 엿보던 그녀는 누대에서 자신의 몸을 던졌다. 좌우의 사람들이 그녀의 옷자락을 잡았지만 옷자락은 이미 썩어 있어서 붙잡을 수 없었다. 그녀는 허리띠에 유서를 남겼는데, "왕께서는 사는 것을 귀중하게 여기지만, 소첩은 죽는 것을 귀중하게 생각합니다. 바라옵기는 저의 주검을 남편과 합장해 주시옵소서."라고 썼다. 왕은 대노하여 그들을 합장하지 말고 서로 멀리 바라다 보이는 곳에 따로 매장토록 명령했다. 또 말하기를, "너희 부부의 사랑이 지극하여 만약 무덤이 저절로 합쳐진다면 나는 말리지 않겠다."라고 하였다. 그런데 얼마 지나지 않아 무덤가에는 가래나무가 돋아 나왔고, 열흘이 지나자 굵기가 한 아름이나 되었다. 두 나무는 서로를 향해 자랐는데, 아래에서는 뿌리끼리 휘감기고, 위쪽에서는 가지끼리 서로 엉켰다. 또 원앙 암수 한 쌍이 항상 엉킨 나무 위에 날아와 밤낮으로 그곳을 떠나지 않고 목을 비비며 슬피 울어 듣는 이들로 하여금 가슴이 에이게 만들었다.

송나라 사람들은 이를 애달피 여겨, 그 나무를 상사수(相思樹)라 이름 붙였고
또한 원앙 한 쌍은 한빙 부부의 넋이라 했다는 전설이다.

　옛날이나 지금이나 사람들은 죽음도 갈라놓지 못하는 사랑을 염원하고
꿈꾸고 있다.

탁문군 기념관 안의 탁문군과 사마상여 동상.
둘은 첫 눈에 눈이 맞아 야반도주하여 사마상여의 집 근처 시장에서 술을 팔며 생계를 이었다. 샤오창(蕭强) 촬영

10 고적(高適)

1. 내일이면 또 새해라

나이가 들면서 한 해를 보내는 심사가 예년과는 다르다. 고향을 떠나 이
국에서 또 한 해를 보내야만 하는 이들에게는 더욱 그러하리라. 섣달 그믐날
고향의 가족을 그리며 쓴 고적의 <섣달 그믐날에 짓다(除夜作)>의 심정과 다
를 바 없을 것이다.

객사의 차가운 불빛 아래 홀로 잠 못 이루고	旅館寒燈獨不眠
나그네 마음이 왜 이리도 처량해질까?	客心何事轉悽然
고향의 식구들 오늘밤 천리 밖 나를 생각하리니	故鄕今夜思千里
서리 같은 귀밑머리 내일이면 또 새해네	霜鬢明朝又一年

위 시는 고적이 섣달 그믐날에 고향의 식구를 그리며 지은 시다. 제야(除
夜)는 섣달 그믐날 밤으로 제석(除夕)이라고도 한다. 상빈(霜鬢)은 서리 같이 하

얀 머리카락을 일컫는다. 새해를 맞이하는 것이 즐거운 일임에도 불구하고, 가족과의 이별로 도리어 처량해지는 자신을 주체할 길이 없음을 알 수 있다. 자신의 향수를 직접 서술하지 않고, 고향의 식구들이 자신을 생각하는 것으로 설정하여 자신의 간절한 향수를 강조하고 있는 점이 매우 특이하다고 하겠다.

위 시의 작자인 당(唐)나라 시인 고적(高適)을 떠올리면 곧 지금의 티베트가 생각난다. 아직도 원시적인 순수함을 간직하고 있어 누구나 한번쯤은 가고 싶어 하는 땅 - 티베트.

문성공주가 토번으로 들어갈 때 지나간
일월산(해발 3520M) 왕쥔(王珺) 촬영

고적은 753년 하서절도사(河西節度使)였던 명장 가서한(哥舒翰)의 막부(幕府)에 들어가 가서한 장군이 현재의 티베트 지역에 있었던 토번(吐蕃)을 격파하여 구곡(九曲)이라는 지역을 탈환하는 전투를 직접 목도하게 되고, 그것을 <구곡사(**九曲詞**)>라는 시로 칭송을 한 바 있다.

구곡이란 지역은 지금의 칭하이(靑海)성 바옌(巴燕)현 일대로 수초가 무성하여 목축을 하기에 적당했는데, 당과 토번은 이곳의 전략적 가치를 높이 평가하여 각자의 통치 하에 두려고 자주 충돌하였다. 710년 당으로부터 이곳을 차지한 토번은 이곳을 거점으로 삼아 자주 하서주랑(河西走廊)을 막아 안서(安西)의 사진(四鎭)을 고립시키고 동쪽으로 진출하여 당을 더욱 위협하기에 이른다. 당은 753년에 이르러서야 가서한 장군이 토번에게 빼앗겼던 구곡을 모두 되찾게 되었던 것이다.

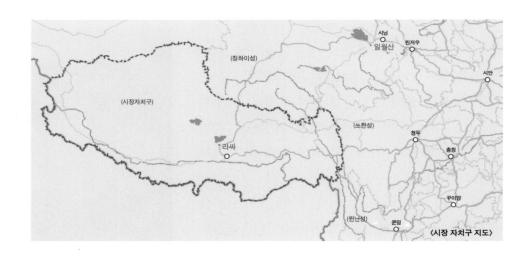

〈시장 자치구 지도〉

　　당나라와 토번의 관계가 매우 우호적이었던 때는 태종(太宗) 이세민(李世民)
시절이었다. 당시 토번의 국왕은 송찬간포(松贊干布 : 617~650 재위)라는 인물이
었는데, 그는 칭장(靑藏)고원 내의 여러 장족을 통일한 후, 632년 지금의 중
국 시장(西藏) 라싸에 수도를 정하고 토번왕조를 세웠다. 그는 왕이 된 후 국
가를 안정적으로 이끌기 위해 자신과 이웃나라의 공주들과의 혼인을 적극적
으로 추진하였다. 우선 서쪽에 있는 네팔 왕국의 공주와 결혼을 한 후, 이어
640년 자신의 신하인 녹동찬(祿東贊)을 당나라에 파견하여 당나라의 공주와의
결혼을 요청하였다. 녹동찬이 결혼 요청 사절로 당나라에 들어온 그 때, 주
변의 천축국(天竺國), 대식국(大食國) 등 다른 여러 나라도 당의 부마국이 되고
자 사신을 파견하여 당나라의 수도는 여러 나라의 사신들로 북적거렸다. 당
태종은 여러 나라에서 온 사신들의 요구를 다 들어줄 수 없었기에, 평범한
사람들은 미처 생각할 수 없는 어려운 문제를 그들에게 제시하여, 지혜롭게
문제를 푼 사신의 나라에 공주를 시집보내도록 결정하였다.

당대 화가 염립본(閻立本 : 601~673)이 그린 〈보련도(步輦圖)〉.
토번의 사신 녹동찬이 당 태종을 알현하는 광경을 그린 그림이다. 녹동찬은 왼쪽에서 두 번째 사람이다.

　　당태종은 그들에게 총 6문제의 난해한 문제를 출제하였는데, 녹동찬 만이
그 문제를 순조로이 풀 수 있었다. 당태종은 토번에서 온 사신의 지혜를 치
하하는 한편, 토번의 문화 수준에 만족해하고는 토번의 국왕과 당나라의 문
성공주(文成公主)의 결혼을 결정하였다. 이것이 바로 역사상 유명한 장족과 한
족의 아름다운 혼사이다.

　　당태종이 출제한 문제는 이미 유명한 이야기가 되었지만, 그 중 대표적인
문제를 예를 들어보면 다음과 같다.

　　첫째, 구슬에 아홉 개의 구멍이 굽이굽이 뚫어져 있는데, 어떻게 이곳에
명주실을 꿸 수 있는가? 둘째, 100마리의 어미 말과 100마리의 새끼 말이
있는데, 100쌍의 어미 말과 새끼 말을 완벽하게 짝지을 수 있는가? 셋째, 위
와 아래의 굵기가 동일한 통나무가 있는데, 어느 쪽이 뿌리 부분이고 어느

쪽이 가지 부분인가? 넷째, 300명의 궁녀에게 똑같은 옷을 입히고 그 중에서 문성공주를 찾도록 하는 문제가 그것들이었다.

641년 당태종은 예부상서인 이도종(李道宗)으로 하여금 당시 16세에 불과한 문성공주를 호위하여 티베트 라싸로 들어가도록 하였다. 이 결혼으로 당과 토번 사이에는 우호적인 분위기가 형성되어 전쟁이 드물어지고 상인들과 사신들의 왕래가 빈번해지게 되었던 것이다.

멀게만 느껴졌던 티베트도 칭장(靑藏)철도가 최근 개통되면서 이젠 우리의 곁에 가까이 와 있다. 1300여년전 문성공주가 실마리를 푼 중국과 티베트 간의 왕래와 우호가 더욱 빛을 발하게 된 것이다.

일월산에 문성공주를 기념하여 건립한 일정(日亭)과 월정(月亭). 왕쥔(王珺) 촬영

일월산의 문성공주상. 장만리(張曼麗) 촬영

송찬간포가 문성공주를 위해 지었다는 라싸의 포탈라궁. 뤼펑(呂澎) 촬영

대소사(大昭寺).
문성공주가 토번에 온 것을 기념하여 송찬간포가 만든 사원이다. 뤼펑(呂澎) 촬영

2. 정월 초이레 두보에게

편지를 써서 안부를 묻곤 하던 일은 이미 까마득한 옛 일이 되어버린 듯하다. 심지어는 이메일로 소식을 주고 받는 사람들조차 드문 시대가 되었다. 학생들에게 자료를 보낼 일이 있어 이메일 주소를 물으면 이메일을 사용하고 있지 않다거나 너무 오랜 동안 이메일을 써본 적이 없어서 비밀번호를 모른다는 대답이 대부분이다. 연락할 일이 있으면, 핸드폰의 문자 메시지로 빠르게 모든 것을 해결하는 시대에 우리는 살고 있는 것이다.

오래 전 누군가 나에게 보낸 빛바랜 편지를 읽고 상념에 젖었던 기억들이 누구에게나 있을 것이다. 오늘 우리가 읽을 시가 바로 그러한 시이다.

두보는 어느 날 문갑을 열고 잊고 있었던 편지를 뒤적이다가 시인 고적과 주고 받았던 편지를 발견한다. 그 편지는 옛날 두보가 안사의 난으로 인해 쓰촨성 청두(成都)에서 피난 생활하고 있을 때, 촉주(蜀州 : 현재의 쓰촨성 충칭(崇慶))에서 자사로 있던 고적이 보낸 편지였다. 10여년 전에 받았던 편지를 두보는 눈물을 흘리며 다시 읽는다. 그 편지를 보낸 고적은 이미 저 세상 사람이 되었고, 자신 또한 늙고 병들어 인생무상이 다시금 사무치도록 느껴졌던 것이다.

두보초당 입구

두보 초당 앞의 초가 정자

두보 초당 내의 두보 동상.
수염을 쓰다듬으면 복을 받을 수 있다는 전설 때
문에 수염 부위가 반들반들하다.

공부사.
두보초당 공원 내에 있는 두보 사당

　　최근 정우성이 주연으로 나왔던 한중합작 영화 <호우시절(好雨時節)>은
두보가 청두에서 피난 생활하던 바로 그 두보초당(杜甫草堂)을 무대로 이야기
가 전개되어 화제가 된 바 있다.

　　10여년 전 정월 초이레, 고적은 친구 두보를 생각하며 편지에 시를 써서
보냈다. 정월 칠일은 사람의 날(人日)이라고도 하는데, 이날엔 일곱 가지 채소
로 죽을 쑤고, 비단을 잘라 인형을 만들고,
금박에 사람 형상을 조각하여 병풍에 붙이거
나 머리에 쓰기도 했다. 그리고 장식품을 만
들어 서로 교환하기도 하고 산에 올라 시를
지었으며, 文人들은 시를 지어 서로 주고 받
는 풍습이 있었다. 이에 고적은 청두에 초당
을 짓고 살고 있던 두보에게 이 날을 맞아
시를 보냈던 것이다. 고적이 두보에게 보낸

두보초당을 배경으로 촬영한 영화 <호우시절>의 포스터와 한 장면

<정월 초이레 두보에게(人日寄杜二拾遺)> 시를 보면,

정월 초이레, 시를 지어 초당에 부치면서	人日題詩寄草堂
친구가 고향을 그리워하는 것을 애달파하네	遙憐故人思故鄉
봄빛 희롱하는 버들가지 차마 볼 수 없고	柳條弄色不忍見
가지마다 소복히 핀 매화는 공연히 애를 끊는다	梅花滿枝堪斷腸
이 몸 먼 촉 땅에 있기에 조정의 일에 참여할 수 없어	身在南蕃無所預
국사에 마음이 뒤숭숭하기만 하네	心懷百憂復千慮
금년 오늘은 공연한 상념인데	今年人日空相憶
내년 오늘엔 또 어디에 있게 되려는지	明年此日知何處
한번 동산에 누워 삼십 년을 보냈고	一臥東山三十春
문무를 겸비했으나 길 위에서 늙어 갈 줄 알았으랴	豈知書劍老風塵
늘그막에 또 이천 석의 녹을 먹게 되니	龍鍾還添二千石
동서남북으로 떠도는 그대에게 부끄러울 뿐	愧爾東西南北人

라고 고향으로 돌아가기를 갈망하고 있는 두보의 심정을 아름다운 봄의 경치와 대비시켜 한층 두드러지게 드러내고 있는데, 고적이 만년에 지은 시 가운데 가장 감동적인 시 중 하나로 평가를 받고 있다. 버들가지에 새순이 솟고, 매화가 만발하는 봄을 기쁨으로 바라봐야 하는 게 당연하지만, 타향을 떠도는 작자나 두보나 두 사람 모두 이것들을 차마 바라보지 못하는 안타까움을 적고 있다. 아울러 고적은 자신의 식견을 펼치고자 하였으나 도리어 간신들의 참소로 멀리 쫓겨나고, 국사가 날로 잘못되어도 바로잡을 방도가 없음을 한탄하고 있다. 이러한 가슴 속의 울분을 두보에게나 쏟아 낼 뿐인데, 특히 천하를 전전하며 의식조차 제대로 해결하지 못하는 처지이면서도 국가를 먼저 생각하는 두보에게 부끄러울 뿐이라고 술회하고 있는 것이다.

3. 벽양성(辟陽城)을 지나며

다음 시는 당 천보(天寶) 10년(751) 시인 고적이 북쪽으로 사신을 갔다가 돌아오며 벽양성을 지나다가 지은 시다.

벽양성을 지나며 고적은 한나라 때 이 곳 벽양후로 임명되었던 심이기(審食其)를 떠올렸다. 심이기는 한대 사람으로 여태후(呂太后)의 총애를 받다가 둘의 관계가 들통나고 말지만 처벌을 받기는커녕 도리어 좌승상에까지 오른 인물이다. 고적은 심이기의 일을 상기하며 당시의 양귀비와 안록산의 사통을 풍자하고 있다.

유방의 고향인 장쑤(江蘇)성 쉬저우(徐州) 패이(沛)현에 있는 유방의 상

황폐한 성 높은 언덕 위에 있어	荒城在高岸
성에 올라 청기를 내려다보노라	凌眺俯清淇
듣자 하니 한의 천자가	傳道漢天子
심이기를 이곳에 봉했다 하네	而封審食其
간사하고 음란했던 그를 죽이지 않고	奸淫且不戮
오히려 벽양후에 봉하니 누가 옳다 여겼겠는가?	茅土孰云宜
어찌하여 한 고조가	何得英雄主
도리어 여후에게 속았을까?	返令兒女欺
여태후는 이미 국모의 규범을 잃었고	母儀良已失
심이기는 신하로서의 절도가 어찌 이와 같을 수 있었을까?	臣節豈如斯
한 왕조의 일이	太息一朝事
사람들의 조롱거리가 됨을 탄식하노라	乃令人所嗤

위 시에서 벽양성은 지금의
허베이(河北)성 지(冀)현과 자오
창(棗强)현 사이에 있던 성으로
한대 고조(高祖) 유방(劉邦)이 심
이기를 이곳의 후로 봉하였다.
한 고조 유방이 죽은 후 심이기
는 여태후의 총애를 받고 있었
는데, 어떤 이가 여태후와 벽양
후의 관계를 황제 혜제(惠帝)에
게 일러바치자, 혜제는 크게 노

여후릉.
산시(陝西)성 셴양(咸陽)시의 고조 유방의 릉인 장릉(長陵)의 동남쪽 200미터 지점에 위치하고 있다.

하여 벽양후를 사법 관리에게 회부하여 처형하려 했다. 이 때 여태후는 부끄
러워 변명조차 못했고, 대신들도 벽양후의 행위가 너무 지나치다 하여 그를

시안역사박물관에 소장 중인 여
후의 옥새. 황후지새(皇后之璽)라
새겨져 있다.

사형시키는 데 동의하였다. 벽양후는 혼비백산
하여 사람을 시켜 평원군(平原君)에게 도움을 청
했으나, 평원군이 거절하자 혜제의 사랑을 받
고 있던 굉유(閎孺)라는 자를 만나 도움을 청한
후, 그의 계책을 따라 황제에게 용서를 빌어
가까스로 죽음을 면할 수가 있었다.

고적은 위의 고사를 빌어 다음과 같은 양귀
비와 안록산의 반윤리적인 관계를 풍자하고 있
는 것이다. 천보 10년(751) 봄, 양귀비는 안록산
을 궁궐로 불러들인 후, 비단으로 커다란 강보
를 만들어 안록산을 싸서 궁녀들로 하여금 오색

가마에 태우게 하는 이상한 행동을 서슴지 않았다. 현종이 후궁 쪽에서 들려오는 웃음 소리를 듣고는 이상하게 여겨 그 이유를 묻자, 좌우의 신하들은 태어난 지 갓 3일 된 갓난아이를 양귀비가 목욕시키고 있다고 대답하였지만, 현종은 이를 조금도 의심하지 않았다. 이후로 안록산은 궁궐을 자유로이 드나들며 양귀비와 마주 앉아 식사를 하는 것은 물론 침소 바깥으로 나오지 않을 때도

□의 미앙궁(未央宮) 터. 유방이 황제로 즉위한 후 소하의 감독
□ 건축되기 시작한 미앙궁은 혜제가 황제가 된 후 기거했던 궁
□다. 수도인 장안성의 서남쪽에 위치하고 있어서 서궁이라 불렸
□ 지금은 흔적만 남아 있다.

원(元) 전선(錢選 : 1239~1299)이 그린 양귀비상마도(楊貴妃上馬圖). 양귀비가 말에 오르는 것을 두 명의 시녀가 도와주는 것을 묘사한 그림이다.

있었다. 얼마 되지 않아 두 사람의 추문이 궁궐 바깥까지 소문이 나기에 이르렀다. 여기에서는 양귀비와 안록산의 문란한 관계를 한대의 여태후와 심이기의 고사를 차용해 풍자하고 있는 것이다.

　여태후. 한 고조 유방의 아내였던 그녀는 한 고조 유방이 죽은 후 태후가 되었다. 우리는 여태후를 떠올리면 그녀의 강하고 독한 성격을 떠올리지 않을 수 없게 된다. 초나라와의 오랜 전쟁 통에 산전 수전 다 겪은 후 황제가 된 유방의 주위에는 여러 비빈이 있었는데, 유독 척부인이라는 여인이 여후의 신경을 쓰게 만들었다. 전쟁의 와중에 호리호리한 체구에 춤과 음악에 능

한 척부인을 보는 순간 유방은 그녀를 사랑하게 되었고, 부인인 여후에 대한 사랑은 자연 시들해지게 되었다. 척부인을 끔찍이도 사랑한 유방은 둘 사이에 여의(如意)라는 아들을 두게 되었는데, 성격이 유방을 빼어 박은 듯 대담하고 소탈하여 유방의 사랑을 독차지하게 되었다. 이미 여후와의 사이에 태자로 책봉 받은 영(盈)이라는 아들이 있었지만, 성격이 나약한 그는 유방의 사랑을 받지 못하고 눈 밖에 나있었고, 급기야 유방은 태자를 바꾸고자 하는 마음을 갖게 되었다. 척부인에게 유방의 사랑을 빼앗긴 것도 분한데 게다가 아들의 태자 자리마저도 위태롭다고 느낀 여후는 척부인과 그의 소생 여의에 대한 증오로 이를 갈지 않을 수 없었다. 태자를 여후의 소생인 유영에게서 척부인의 소생인 여의로 바꾸고자 하는 유방의 시도는 여러 신하들의 반대에 부딪혀 이루지 못한 채 유방은 세상을 뜨고 유영이 즉위하니, 이 이가 곧 혜제인 것이다. 여후 또한 태후가 되었는데, 태후가 된 후 그녀가 가장 먼저 한 일은 척부인과 여의에 대해 복수의 칼을 들이대는 것이었다. 여후는 먼저 여의를 독살시킨 후 척부인의 수족을 자르고 귀를 먹게 만드는 것도 부족하여 벙어리가 되는 약을 먹여 돼지우리에 가두었다. 이어 자신의 아들인 혜제를 돼지우리로 불러 척부인을 보여 주었다. 혜제는 놀라 거의 실성할 지경에까지 이르러 자신의 어머니에게 "이것은 인간으로서 해서는 안 되는 일이옵니다, 어머니께서 이럴진대, 제가 무엇을 믿고 천하를 다스릴 수 있겠사옵나이까?" 라는 말을 한 후 정신 이상이 된 채, 날이면 날마다 술로 날을 지새고 정사를 돌보지 않았으며, 얼마 되지 않아 세상을 떴다. 당시 그의 나이 겨우 22세였다.

양귀비.
시안 근교 화청지의 방금 목욕을 끝내고 나온 요염한 양귀비의 석상

11 잠삼(岑參)

1. 제자에게서 온 그림엽서

중국 강남의 여름 더위는 말
로는 형용을 하지 못한다. 중국
의 3대 화로라 불리는 난징(南
京), 우한(武漢), 충칭(重慶)도 덥지
만, 중국 장강 유역의 어느 도시
또한 3대 화로 못지않게 덥다.

이렇게 무더운 여름이 되면
어김없이 정재은이라는 여학생이
생각난다. 어느 해 여름방학, 붉
은색의 주름이 가득한 산의 사진
과 함께 빼곡히 사연을 적은 그
림엽서 한 통을 받았다. 이국적

정재은의 엽서. 투루판에 대한 소개와 함께 미래에 대한
남다른 고민과 각오가 묻어나는 편지였다.

인 풍경에 의아해하며 자세히 보니 신장(新疆)성 투루판(吐魯番) 북부에 있는 화산(火山)의 사진임을 알 수 있었다. 홀로 여행하기를 좋아하여 방학만 되면 배낭을 꾸려 중국으로 떠나곤 하던 재은이가 홀로 신장성 투루판까지 여행을 하다 선생님 생각에 그림엽서를 보낸다고 했다. 그 학생이 보내온 화산의 사진은 지금도 내 책상 머리에 놓여져 있다.

화산은 화염산이라고도 한다. 산이 붉은 사암으로 되어 있어 불꽃처럼 붉게 보이는데다가 여름에는 산의 지표면의 온도가 70도 이상으로 올라 불꽃이 타오르는 것처럼 보이기에 이렇게 불렀다. 그리고 지각운동의 결과로 산 전체가 종으로 길게 주름이 패여 있어 멀리서 보면 여인네들의 치마 주름처럼 보이기도 한다. 이 산은 서유기에 삼장 법사가 불이 난 산을 만나 길이 막히자, 손오공이 파초 부채로 재주를 부려 불을 끄는 대목이 나오는데 그 산이 바로 이 화산이다.

〈신장성 지도〉

　이 불 타는 듯한 화산을 가장 잘 묘사한 시인은 잠삼(岑參)일 것이다. 잠삼은 당대(唐代)에 활약했던 유명한 시인이다. 그는 변방에 출정하는 장수들을 수행하여 문서를 관리했던 문인으로, 변방에서의 전쟁의 실상과 변방의 풍광을 묘사하는 데 뛰어났다. 이 시인은 고선지(高仙芝) 장군 때문에 우리에게도 친숙하게 다가오는 인물이다. 고선지 장군은 과연 누구인가?

　고선지는 고구려 유민의 후예로 당나라 군부의 최고 실력자가 되었던 인물이다. 고구려 유민인 고선지가 어떻게 당나라에서 장수가 될 수 있었을까? 당나라가 신라와 연합하여 고구려를 멸망시켰을 때, 그의 선조들은 포로가 되어 중앙아시아로 잡혀갔던 것으로 추정되고 있다. 그의 부친 고사계(高舍鷄)는 망국의 백성이라는 한계를 극복하고 당나라의 장수가 되었고, 그 덕으로 고선지 역시 20여세의 약관의 나이에 장수가 되어 이후 상관의 신임을 얻어 부단히 승진의 길을 걷게 되었다.

화산.
신장성 투루판의 화산. 화염산이라고도 한다.

　천보 연간 당 왕조는 주로 토번(吐蕃)과 파미르 고원 지역을 사이에 두고 심한 각축을 벌였다. 이곳에는 두 개의 국가가 있었는데, 소발율(小勃律 : 지금의 카시미르 서북부)과 대발율(大勃律 : 지금의 카시미르 중부)이 그것이다. 토번은 이곳을 확보하기 위해 공주를 소발율의 왕에게 시집을 보내는 등 공을 들여 마침내 소발율이 토번에게 귀의토록 하였다. 나아가 소발율 주위의 20여개 국가와 군신 관계를 맺고 당과의 조공을 중단시켰다. 이 사태에 대해 당은 사진절도사(四鎭節度使) 전인완(田仁琬)으로 하여금 3차례에 걸쳐 소발율을 토벌케 하였으나 험준한 지형과 토번의 소발율에 대한 지원으로 3차례의 정벌은 모두 실패로 돌아갔다. 이 정벌의 실패는 고선지의 화려한 출현을 재촉한 것이라고 말할 수 있다.

산에 가면 파초 부채를 들고 있는 손오공과 저팔계의 상
한 볼 수 있다.

천보 6년(747년) 현종은 고선지로 하여금 소발율을 정벌케 하였다. 고선지가 이끄는 군대는 소발율을 정벌하기 위해 해발 4,000미터 이상 되는 파미르 고원을 횡단해야만 하는 어려운 행군 끝에 지금의 와한하(瓦罕河)에 도착했다. 이곳에서 고선지는 병사를 세 갈래로 나누어 토번의 연운보(連云堡 : 지금의 아프가니스탄 동북부)를 협공하였다. 고선지는 먼저 소발율을 지원하는 토번 병사 5천여 명을 죽이고, 1천여 명을 사로잡는 전과를 세웠다. 그러나 수하의 장수들이 험준한 산세에 기가 질려 계속 진군하는 것을 두려워하자, 3,000명의 병사를 그곳에 머무르도록 한 채, 앞장서서 병사를 이끌고 탄구령(坦駒嶺)까지 진격한다. 탄구령은 해발 4,888미터로 힌두쿠시 산맥 중에서도 험한 곳으로 이름이 높은 곳이었다. 고선지는 1,000여명의 군사를 이끌고 탄구령을 넘어 소발율을 대파하고 소발율 국왕과 토번 공주를 사로잡았다.

영국의 Stein 박사는 이 전투에서 고선지가 세운 업적은 한니발 장군이나 나폴레옹이 이룬 전과를 훨씬 능가한다고 평가한 바 있는데, 그는 면밀한 사전 준비와 초인적인 용맹성으로 고구려 유민의 기상을 세계 역사에 드날렸던 것이다. 그 고선지 장군을 수행하였던 인물이 바로 잠삼이라는 시인이다. 잠삼이 화산을 어떻게 표현하고 있는지 그의 시를 읽어보도록 하자. 그의 <화산을 지나며(經火山)>라는 시를 보면,

화산이 막 보이기 시작하는데	火山今始見
우뚝 포창의 동쪽에 서 있네	突兀浦昌東
붉은 불꽃은 오랑캐 땅 구름을 불태우고	赤焰燒虜雲
뜨거운 공기는 변방의 하늘을 삶네	炎氣蒸塞空
알지 못하겠노라 음양탄이	不知陰陽炭
어찌하여 이곳에서만 타는지를	何獨燃此中
나는 엄동설한일 때 왔는데도	我來嚴冬時
산 아래엔 뜨거운 기운도 많아라	山下多炎風
사람과 말은 모두 땀을 흘리는데	人馬盡汗流
누가 대자연의 조화를 알겠는가?	孰知造化功

먼 곳에서 화산을 바라본 기이한 장관으로 시작하여 가까이에서 느낀 감정을 과장과 상상을 적절히 배합하여 묘사하고 있다. 위 시에서 돌올(突兀)은 우뚝 솟은 모양을 말한다. 음양탄(陰陽炭)은 한대(漢代)의 가의(賈誼)라는 문학가의 작품에 보이는데, '천지는 화로이고, 조화는 공이로다. 음양은 탄이고, 만물은 구리로다' 라는 구절을 차용한 것으로, 여기에서는 음양탄이 이곳 화산에서만 타올라 모든 것을 뜨겁게 달구고 있다고 과장해서 그려내고 있는 것이다. 위 시의 '붉은 불꽃은 변방의 구름을 태우고, 뜨거운 공기는 변방의 하늘을 삶네'라는 구절과 그의 다른 작품인 <화산 구름 아래에서 그대를 보내며(火山雲歌送別)>라는 시에서의 '불같은 구름은 온 산에 엉키어 흩어지지 않으니, 나는 새조차 가까이 오려 하지 않네'라는 구절을 읽으면 화산의 뜨거움이 절로 느껴진다.

2. 키르기스스탄의 뜨거운 호수, 열해(熱海)

이어 역사적으로 유명한 탈라스 전투 당시 고선지 장군 휘하에서 서기로 그를 수행하며 썼던 <열해에서 장안으로 돌아가는 최시어를 전송하며(熱海行送崔侍御還京)>라는 시를 본다.

중앙아시아 북부에 한반도 면적 크기의 내륙국인 키르기스스탄이라는 나라가 있다. 이곳은 최근 보도에 의하면, 이전 재벌 그룹의 회장이었던 한 사람이 이곳에서 금광을 개발하여 재기를 모색하고 하고 있다고 해서 화제가 되었던 곳이기도 하고, 고구려 유민으로 당나라의 장수가 되었던 고선지 장군이 서역 대원정을 나서 벌였던 탈라스전투의 현장이라는 점에서 우리에게 더욱 가까이 느껴지는 곳이기도 하다.

음산의 아이들 이야기를 들으니 　　　側聞陰山胡兒語
서쪽 끝 열해의 물은 삶는 듯하다네 　　西頭熱海水如煮
물위엔 많은 새들이 감히 날지 못하고 　海上衆鳥不敢飛
물 속엔 살진 잉어가 노닌다네 　　　中有鯉魚長且肥
언덕 위엔 푸른 풀은 쉬지 않고 흔들리고 岸上青草常不歇
하늘엔 하얀 눈이 아득히 나부낀다네 　空中白雪遙旋滅
삶아진 모래와 달궈진 돌은 구름을 태우고 蒸沙煙石燃虜雲
끓는 물결과 뜨거운 파도는 달을 지진다네 沸浪炎波煎漢月

열해는 청지(清池)라고도 했는데, 지금의 키르기스스탄 공화국의 천산산맥에 있는 이시크쿨호이다. 이 호수는 키르기스의 말로 '뜨거운 호수'라는 뜻을 갖고 있는데, 천산산맥의 눈 녹은 물이 흘러 들어 생긴 이 호수는 엄동설한에도 호수의 물이 얼지 않기 때문에 이렇게 불리었다. 당시는 당나라의 북정

도호부(北庭都護府)의 관할 아래 있었는데 현장(玄奘)법사의 서역 기행을 적
은 문헌에도 이곳에 관한 기록이 보인다.

> 청지(淸池)는 열해(熱海)라고도 불리는데, 그 호수 중 높은 산을 마주 대하
> 고 있는 곳은 호수의 물이 얼지 않아 이렇게 불렸다. 하지만 그 호수의 물이
> 따뜻한 것은 아니었다. 주위가 1,400~1,500리 정도였고, 동서로 길고 남북
> 으로는 좁았다. 그것을 바라보면 수면이 광활하게 펼쳐져 있는데, 바람이 세차
> 지 않아도 큰 파도가 일렁거렸다.

라고 한 바와 같이, 열해라는 이름과는 달리 이곳의 호수의 물이 실제는 뜨겁지
않았음을 알 수 있다. 잠삼의 열해에 대한 위와 같은 묘사는 오로지 그의 과장과
상상의 결과임을 알 수 있다.

위 시에서 첫 4구는 열해의 특징을 지적하고 있는데, 우선 자신이 직접
열해를 본 것이 아님을 말하고 있다. 그러나 변방에서의 오랜 생활을 통하여
서역의 자연 환경을 자세히 관찰해 온 그였기에 얻어들은 것이라 할지라도,
열해의 기이한 풍광을 현장감 있고도 변화무쌍하게 묘사해 낼 수 있었던 것
이다. 5~8구에서는 삶아진 모래, 달궈진 돌, 끓는 물결, 뜨거운 파도 등과
같은 열해와 관련이 있는 사물을 들어 구체적으로 열해의 뜨거움을 그려내
고 있는데, 5~6구가 사실에 치우쳤다면, 7~8구는 완전히 상상에 의존하고
있는 것이라 할 수 있다. 지상의 타는 듯한 사물들을 천상의 구름과 달을 연
결시켜 웅장하고도 환상적으로 그려내고 있다.

3. 편지 쓸 겨를이 없으니

잠삼의 <장안으로 돌아가는 사신을 만나(逢入京使)> 라는 시는 천보(天寶) 8년(749), 안서사진(安西四鎭) 절도사인 고선지 장군의 막부로 부임하다가 말 위에서 장안으로 들어가는 사신을 우연히 만나 쓴 시이다.

이 시는 시어가 소박하고 평이하며 나타내고자 하는 바는 꾸밈이 전혀 없다. 사람마다 가슴 속에 있는 진실된 감정과 말이 도리어 절창이 될 수 있음을 증명하고 있는 시라 할 수 있다. 그리고 일반인에게도 흔히 있을 수 있는 평범한 형상을 포착하여 조탁을 가하지 않고 독창적인 수법으로 그 형상을 극히 자연스럽게 표현하고 있다. 이 시를 통해서 우리는 잠삼이란 시인의 시적 재능을 다시 한번 확인할 수 있기도 하다.

고향이 있는 동쪽을 바라보니 길은 아득하여   故園東望路漫漫
두 소매는 펑펑 흐르는 눈물에 마르질 않네   雙袖龍鍾淚不乾
말 위에서 만나 지필이 없으니   馬上相逢無紙筆
그대가 평안하다고 말로나마 전해 주게나   憑君傳語報平安

시의 첫 구는 눈에 보이는 경물을, 둘째 구는 자신의 고향을 향한 마음을 읊고 있다. 서역으로 가는 작자나 장안으로 들어가는 사신 두 사람 모두 일정의 촉박함으로 인해 편지를 쓸 겨를이 없자, 자신의 소식을 애타게 기다리고 있을 고향의 처자에게 말로나마 자신이 잘 있다는 소식을 전해 달라는 급박한 심정을 잘 묘사하고 있다. 자신의 안전을 걱정하고 있을 집안의 처자를 생각하고는 자신의 종군의 고통스러움은 알리지 않고 도리어 평안하다고 알리고 있는데 그 정경이 가슴을 저민다.

12 두보(杜甫)

1. 술을 좋아하는 여덟 명의 신선

하늘 아래 천당으로 불리는 항저우(杭州)에서 채 1시간도 걸리지 않는 곳
에 샤오싱주로 유명한 샤오싱(紹興)이라는 도
시가 있다. 이 곳은 우리가 잘 알고 있는 고
사 와신상담(臥薪嘗膽)의 현장이기도 하다. 중
국 춘추시대 월(越)나라 왕 구천(勾踐)이 오
(吳)나라왕 부차(夫差)에게 원수를 갚고자 항
상 쓸개를 방 안에 걸어놓고 쓴 맛을 맛보
면서 복수심을 불태우고, 마침내 부차를 멸
하고 이전의 회계(會稽)에서의 수치를 설욕하
였는데, 그 옛날 회계가 지금의 샤오싱이다.

샤오싱에는 이 외에 9년 동안 홍수를 막
기 위해 심혈을 기울여 끝내 치수 사업을

하지장

성공시킨 우(禹)임금의 능과 사당이 있으며, 중국의 명필가인 왕희지(王羲之)의 유적지인 난정(蘭亭)이 있다.

난정은 샤오싱 중심가에서 서남쪽으로 13킬로미터 떨어진 곳에 위치하고 있는데, 왕희지가 샤오싱의 유력 인사 41명과 함께 굽이진 물 위에 술잔을 띄워놓고 시를 짓는, 즉 곡수유상(曲水流觴)하던 곳으로 유명하다. 곡수유상. 신라 시대 포석정을 생각하면 된다. 잔을 물 위에 띄어 놓고 그 잔이 자기에게 오기 전에 시 한 수를 지어야 하고, 미처 완성을 하지 못하면 벌주를 마셔야 했다. 그 때 지은 시 37수를 모아 <난정집>을 엮은 후 왕희지가 서문을 썼는데, 이 왕희지의 글씨는 지금까지도 천하 제일의 행서(行書)라 여겨지고 있다. 왕희지는 서예의 필법을 거위가 물 위에서 헤엄치는 것으로부터 영감을 얻고자 연못에 거위를 놓아 길렀다. 난정에 가면 연못 앞에 '아지(鵝池)'라 쓰여진 비석을 볼 수 있다. 그런데 쓰여진 두 글자의 필체가 확연히 다름을 알 수 있다. 왕희지가 '鵝'자를 쓰고 있는데 마침 손님이 왔다는 전갈을 받고 나간 사이 일곱째 아들왕헌지(王獻之)가 아래의 글자를 썼다. 아버지의 글이 섬세하다면, 아들의 글은 힘이 느껴진다. 왕헌지는 훗날 아버지를 이어 명필가로 성장한다.

샤오싱에는 또한 송대 대시인이었던 육유(陸游)의 발자취가 남아있는 심원(沈園)과 중국의 유관순 누나라 불리는 치우진(秋瑾)의 유적지가 있기도 하다. 그러나 그 무엇보다도 중국의 대문호였던 루쉰(魯迅)의 생가가 이 곳 샤오싱에 있어서 샤오싱이 더욱 우리에게 친숙하게 다가오는 것일 게다.

중국은 술이 유명한 나라이기도 하다. 중국의 술은 크게 백주(白酒)와 황주(黃酒)로 나눌 수 있다. 백주는 수수로 만든 고량주이고, 황주는 쌀로 만든 미주다. 백주 중 대표적인 술은 외국의 정상들이 중국을 방문할 때마다 내어

놓는다는 마오타이주(茅台酒)가 가장 유명하며, 황주 중 대표적인 것은 이 곳 샤오싱의 샤오싱주이다. 샤오싱주로 유명한 샤오싱은 술의 도시(酒鄕)라고 불려도 손색이 없을 것이다.

샤오싱의 난정 비석, 난정이라는 글씨체는 청대 강희(康熙) 황제의 서체이다.

샤오싱주를 빚을 때 사용하던 물은 이곳 지엔후에서 길어다 썼다.

아지 비석. 두 글자의 필체가 확연히 다르다. 위의 글자가 섬세한 데 반해, 아래 글자는 힘이 느껴진다. 난정을 찾은 제자 설유진과 김다혜

송말 원초 화가인 전선(錢選: 1239~1299)이 그린 〈왕희지관아도(王羲之觀鵝圖)〉.
왕희지는 거위의 동작에서 서예의 이치를 깨닫고자 연못을 만든 후 그곳에 거위를 놓아 길렀다.

샤오싱주는 샤오싱의 지엔후(鑒湖)라는 호수의 물을 길어다 술을 빚는다고 알려져 있다. 샤오싱주가 왜 그리도 유명할까? 샤오싱의 지엔후를 가보고서야 그 의문이 풀렸다. 그 곳 지엔후의 물을 마시면 사람들은 물에 취한다고 알려져 있는데, 그 호수의 물은 3~4미터 깊이의 호수 바닥까지 선명하게 보일 정도로 투명하기 이를 데 없었다.

명주의 영향이었을까? 샤오싱이 배출한 명사들은 모두 술을 좋아하였다. 그 중 대표적인 인물이 두보(杜甫)의 시에 등장하는 하지장(賀知章)이다. 하지장은 이백을 조정에 추천한 것으로 알려진 인물인데, 이백을 만나 이백은 필시 하늘에서 귀양 온 신선임에 틀림없다고 칭찬하면서 자신이 띠고 있던 금으로 만든 허리띠를 풀어 술로 바꿔오게 한 일은 유명하다. 술을 좋아했던 하지장을 두보는 <술을 좋아하는 여덟 명의 신선(飮中八仙歌)>이라는 시에서 다음과 같이 묘사하고 있다.

화가 소육붕(蘇六朋 : 1791~1862)이 그린
〈유상도〉

　　술 취한 하지장의 말 탄 모습은 마치 배를 탄 듯하고
　　　　知章騎馬似乘船
　　취한 눈으로 우물에 떨어져도 물 속에서 잠을 자네
　　　　眼花落井水低眠

술에 취한 하지장의 모습을 그림처럼 묘사하고 있다.

두보는 하지장 외에 술을 좋아했던 명사들을 계속 다음과 같이 그려내고 있다.

여양왕 진은 세 말 술을 마시고서야 입조하지만	汝陽三斗始朝天
길에서 누룩 수레 보면 입가에는 침이 흐르고	道逢麴車口流涎
주천으로 영지를 옮기지 못한 것을 한탄했네	恨不移封向酒泉

주천(酒泉)은 지금의 깐수성(甘肅省) 주천을 말하는 것으로, 이곳의 성 아래에 샘이 하나 있는데 물맛이 술맛 같다 하여 주천이라 했다. 여양왕 이진은 아침에 조정에 들어갈 때 이미 세말의 술을 마시고 들어가지만 도중에 누룩 수레를 만나면 술을 더 마시고픈 생각에 이내 침을 흘리고, 샘물 전체가 술이라고 알려진 주천으로 부임하지 못한 것을 늘 한탄하였다고 묘사했다. 이어 이적지와 이백에 대해서도 다음과 같이 해학적으로 그려내고 있다.

좌상 이적지는 날마다 흥이 나서 만냥을 쓰며	左相日興費萬錢
술을 고래가 모든 강물을 들이마시듯 하고	飮如長鯨吸百川
잔 들고 맑은 술 즐기며 현인을 멀리한다 하네	銜盃樂聖稱避賢

이백은 한 말 술에 시 백 편을 지었고	李白一斗詩百篇
장안의 술집에서 취하여 잠들면	長安市上酒家眠
천자가 불러도 의관조차 단정히 하지 않고	天子呼來不上船
스스로 일컫기를 술 신선이라 하네	自稱臣是酒中仙

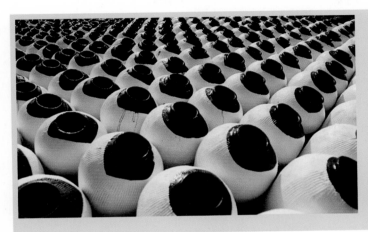

샤오싱주 항아리.
술을 담가 밀봉하여 10년
이상을 발효시켜야 명주가 된다.

청대 화가 개기(改琦 : 1733~1828)는 장안
의 술집에서 취해 잠들어 천자가 불러도 의
관조차 단정히 하지 않던 이백의 모습을 세
밀하게 묘사하였다.

이백의 고향인 장요(江油)의 태백공원의 석상.
두보의 시 중 이백 부분을 형상화했다. 뤼펑(呂澎) 촬영

2. 왕소군(王昭君)의 발자취를 찾아서

중국에 가면 중국 사람들에게 가장 많이 듣는 이야기가 무엇일까?

가장 많이 듣는 이야기는 한국은 경제가 발달하여 잘 사는 나라이고 국민 모두가 애국심이 강해 여러 국가적인 위기에서도 나라를 구한 민족이라고 감탄해마지 않는 이야기이다. 두 번째로 많이 듣는 이야기는 무엇일까? 그것은 다름 아닌 한국에는 미인이 많다는 이야기다. 그러면서 한국의 성형수술의 수준은 세계에서 제일이라고 치켜세운다. 자신들도 회사에 약 열흘 정도 휴가를 신청한 다음, 한국으로 단체로 가서 여행도 하고 성형 수술도 하고 겸사겸사 한국 여행을 계획하고 있다고도 했다. 우리나라에 미인이 많다는 이야기를 듣노라면 어깨가 으쓱해지다가도, 성형수술 이야기에까지 화제가 이어지면 기분이 이상야릇해진다.

중국에는 고래로 칭해지는 '4대 미녀'가 있다. 양귀비(楊貴妃), 초선(貂嬋), 서시(西施), 왕소군(王昭君)이 그들인데, 이 중 왕소군에 대해 이야기하려고 한다. 우선 왕소군에 대해 읊은 두보(杜甫)의 <왕소군의 발자취를 찾아서(詠懷古跡)>이라는 시를 보도록 하자.

청대 화가 비단욱
(費丹旭 : 1801~1850)이 그린 왕소군.
비파를 안고 흉노 땅으로 향하기 위해에 오르는 왕소군을 묘사하였다.

모든 산과 골짜기는 형문을 향한 듯한데   群山萬壑赴荊門
명비가 나서 자란 마을 아직 있네   生長明妃尙有村

한번 궁궐 떠나 흉노로 가서
남겨진 푸른 무덤만 황혼에 물들고 있네
그림으로 아리따운 얼굴 잘못 보니
명비는 혼이 되어 달밤에 쓸쓸히 떠도네
천 년 비파 소리엔 오랑캐 말뿐인데
원한을 노래로 호소함이 분명하네

一去紫台連朔漠
獨留靑塚向黃昏
畫圖省識春風面
環珮空歸月下魂
千載琵琶作胡語
分明怨恨曲中論

　　명비(明妃)는 왕소군을 일컫는 것이다. 왕소군은 후베이(湖北)성 출신이다. 그녀는 한대(漢代) 원제(元帝) 때의 궁녀였다. 당시 흉노의 왕이 한나라에 들어와 자신과 결혼할 여인 다섯 명의 궁녀를 원했다. 이에 황제는 초상화에 근거하여 용모가 뛰어나지 않은 다섯 명의 궁녀를 뽑아 흉노로 보낼 것을 명령하였다.

왕소군묘 입구.
네이멍구 자치구 후허호트시의 남쪽 20리에 위치하고 있다. 왕양(汪洋) 촬영

청총. 주위의 풀들은 모두 백색을 띠고 있는데, 유독 왕소군의 묘만이 푸른색을 띠고 있어 이렇게 불렸다. 왕양(汪洋) 촬영

　　당시 원제에게는 궁녀들이 너무도 많아 일일이 황제가 그녀들을 대면할 수 없었기에 궁정의 화공에게 명하여 궁녀들의 초상화를 그려서 올리도록 했다. 이에 궁녀들은 너나 할 것 없이 화공에게 뇌물을 바쳐 자신을 남들보

다 예쁘게 그리도록 부탁하였다. 그러나 유독 왕소군만은 자신의 용모에 대해 자신 있었기에 화공에게 뇌물을 바치지 않았다. 뇌물을 바치지 않아 화공에게 밉게 보인 왕소군은 초상이 실물보다 터무니없이 밉게 그려져서 황제를 알현할 기회를 갖지 못한 것은 당연지사였다. 왕소군이 뽑혀 흉노로 떠나던 날, 왕소군을 본 황제는 놀라움을 금할 수가 없었다. 이제까지 그가 본 어느 궁녀들보다는 아름다운 궁녀였기 때문이었다. 황제는 그녀를 뽑아 보내기로 한 결정에 대해 땅을 치며 후회하였지만, 이미 흉노에게 약속한 일인지라 번복할 수 없었다. 사태의 전모를 파악한 황제는 그녀의 초상을 실물과 달리 박색으로 그린 화공을 기시형(棄市刑 : 사형을 한 후 시체를 많은 사람들이 밟고 지나가도록 시장 바닥에 버리는 형벌)에 처하였다.

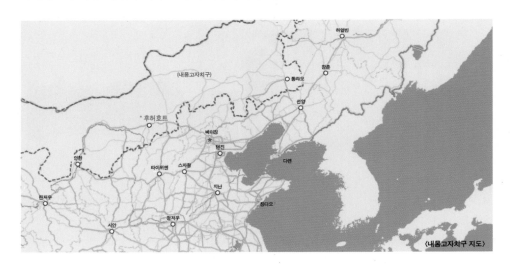

〈내몽고자치구 지도〉

징먼(荊門)은 지금의 후베이성 이두(宜都)현에 있는 산이다. 왕소군은 지금의 후베이성 즈꾸이(秭歸)현에서 낳고 자랐다. 청총(青塚)은 왕소군의 묘를 일컫는 것으로 지금의 내몽고(內蒙古) 자치구 후허호트(呼和浩特)시의 남쪽 20리에 자리하고 있다. 이곳 지역의 풀들은 모두 백색을 띠고 있는데, 유독 왕소군의 묘만이 푸른색을 띠고 있어 이렇게 불렸다. 비파라는 악기를 위안 삼아 비파를 안고 흉노로 간 왕소군은 흉노왕 사이에 아들 둘을 두었다. 흉노의 왕이 죽은 후 고향으로 돌아오고자 했으나 돌아오지 못하고 타향에서 혼이 되어 타향을 떠돌아야했던 서글픔을 묘사하고 있다.

왕소군과 흉노왕의 부조. 왕양(汪洋) 촬영

청총 앞의 왕소군 석상. 왕양(汪洋) 촬영

왕소군과 흉노왕의 밀랍인형. 왕양(汪洋) 촬영

13 장계(張繼)

풍교(楓橋)에 배를 대고 하룻밤 묵다

나는 중국을 오갈 때 특별히 바쁜 일이 아니면 주로 여객선을 이용한다. 여객선을 타면 마음이 그렇게 느긋해지고 여유로워질 수가 없다. 배를 탄 후엔 서두를 필요도 없거니와 바쁘다고 서둘러봐야 소용이 없기 때문이다. 지금 한국에서 중국으로 가는 배는 대부분 톈진(天津)을 비롯하여, 산둥(山東)성의 칭다오(靑島), 웨이하이(威海), 랴오닝(遼寧)성의 다롄(大連) 등 북부 지역으로만 간다. 몇 년 전만 해도 상하이로 들어가는 배가 있었다. 인천에서 상하이로 가는 배가 있던 시절, 나는 그 배를 타고 상하이에 간 적이 있다. 많은 시간이 소요되어 배 안에서 2박 3일을 보내야 했지만, 조금도 지루하다는

인천국제여객터미널에서 인천에서 중국으로 가는 객선을 타기 위해 승객들이 파나마 선적의 여□ 오르고 있다.

여객선에는 여러 형태의 룸이 있는데, 사진은 침대 승객 1명이 묵을 수 있는 1인용 침대이다.

...사의 입구. 노란색의 조벽이 인상적이다.

...사의 종루.
...을 따라 2층으로 올라가면 일본 사람이 기증한
... 볼 수 있는데, 비용을 지불하면 언제든 이 종을
... 있다.

생각이 들지 않았다. 배 안에는 커피숍, 노래방, 영화관, 사우나실, 오락실 등 편의시설이 잘 갖추어져 있어서 더욱 그러했다. 그런데 비행기로 2시간 남짓이면 갈 수 있는 거리를 2박 3일 씩이나 시간 낭비하며 갈 필요가 있을까 하고 생각들을 했을까? 결국 인천에서 상하이로 가는 배는 얼마 버티지 못하고 운행을 중단하기에 이르렀다. 하기야 우리 학생들도 중국에 갈 때, 배를 타고 오가는 학생은 손을 꼽을 정도로 그 숫자가 적다. 거의 대부분이 비싼 항공료를 내고 비행기를 탄다. 그래서 학생들에게 비즈니스 하러 다니느냐고 우스갯소리를 자주 한다. 학생들은 과연 배를 타본 사람만이 느끼는 그 여유로움과 낭만을 이해할 수 있을까 궁금할 때가 많다. 아마도 학생들은 한국을 떠나는 순간부터 여행을 시작하는 것이라 생각하지 않고, 중국 땅에 발을 내딛는 순간부터 여행을 시작하는 것이라는 생각에, 한시라도 빨리 중국 땅에 도착해서 여행을 시작하고 싶은 마음 때문일 거라고 이해를 했다. 인천에서 상하이로 가는 배가 없어진 후, 얼마 있다가 목포에서 상하이를 오가는 배가 생겼다. 내가 이 배를 타고 상하이에 갔던 때는 서둘러 운행을 개시한 탓에, 예정된 중국 선적 배가 아닌 낡아 빠진 러시아 선적의

125

배를 잠시 임대해서 출항을 시켰다고 했다. 상하이로 향하는 내내 러시아 선원들은 녹이 벌겋게 슨 갑판 위를 누비며 페인트칠을 하기에 바빴다. 한 달 후 상하이에서 귀국할 때는 새로운 배가 운항되고 있었다. 그런데 이 노선역시 몇 달 후에 다시 운항을 중단하는 운명을 맞게 되었다. 지금도 한국에서 상하이로 들어가는 배가 빠른 시일 안에 다시 운행되기를 소망하고 있지만, 쉽사리 실현될 것 같지는 않다. 상하이에 갈 때면, 그 커다란 여객선이 상하이의 가장 중심부인 와이탄(外灘)까지 들어간다는 사실이 놀라웠다.

〈장쑤성 지도〉

와이탄 부근의 부두에 가면, 우리나라 사람 뿐 아니라 일본 사람들을 많이 만날 수 있다. 상하이를 출발하여 일본의 오사카(大阪)까지 운항하는 배를 이용하는 사람들이었다. 그 배가 정박되어 있는 것을 우연히 본 적이 있는데, '쑤저우호(蘇州號)'라 불리는 매우 호화스러워 보이는 커다란 배였다. 상하이에서 1시간 남짓 거리에 있는 쑤저우. 일본 사람들은 쑤저우에 대해 남다른 애정을 갖고 있는 것처럼 보였다. 아니 그 보다는 쑤저우에 있는 사찰인

"한산사(寒山寺)"를 지극히도 애틋하게 생각하고 있다고 하는 것이 더 정확한 말일 게다. 지금까지 쑤저우를 여러 차례 다녀왔는데, 그 때마다 한산사에 단체로 수학여행을 온 교복 차림의 일본 중고등학생들을 만날 수 있었다. 그리고 매년 12월 31일이 되면 수많은 일본 사람들이 한산사에 와서 새해를 맞이한다. 한산사의 종루에서 한산사의 주지 스님이 섣달 그믐날 오후 11시 42분부터 종을 108번을 치는데, 이 종소리를 들으면 세상의 온갖 번뇌(108번뇌)가 모두 사라진다는 믿음 때문이라 했다. 그런데 왜 이리도 일본 사람들은 쑤저우의 한산사에 대해 애틋한 감정을 갖고 있는 걸까? 한산사는 남북조 시대인 양(梁) 천감(天監) 연간(502~519)에 지어진 사찰로 처음에는 '묘리보명선원(妙利普明禪院)'이라 불렸는데, 당(唐) 태종 때 고승이었던 한산과 습득(拾得)이 이곳에서 수행을 하였기에 이름을 '한산사'라 바꾸었다. 한산사는 지금까지 다섯 차례 화재가 발생하여 소실되었다가 재건되었는데, 현재의 형태를 갖춘 것은 청나라 말기이다. 대웅전 뒤에는 종루가 있고 이곳에는 종이 걸려있다.

장계의 〈풍교야박〉 시비, 현대 문학가인 리다쟈오(李大釗, 1889~1927)의 필체로 장계의 시를 읽을 수 있다.

이 종은 청나라 말기에 일본 사람이 만들어 이 한산사에 기증한 것이다. 이 이유 외에 한산사가 등장하는 장계의 〈풍교에 배를 대고 하룻밤 묵다(楓橋夜泊)〉 시가 일본의 중등학교 교과서에 실려 있기에 일본 사람들이 이 사찰을 지극히도 아끼게 되지 않았나하는 생각을 한다. 그러면 장계의 시를 읽어 본다.

달은 지고 까마귀 우짖는데 서리는 하늘 가득하고 　　月落烏啼霜滿天
강촌교와 풍교에 돌아온 어선 불빛은 시름 잠긴 잠을 마주하네 　　江楓漁火對愁眠
고소성 밖 한산사의 　　　　　　　　　　　　　　　　姑蘇城外寒山寺
한밤중 종소리 객선의 뱃전을 두드리네 　　　　　　　　夜半鐘聲到客船

　　장계는 배를 타고 머나먼 길을 가던
중 밤이 되어 풍교에 배를 정박시켰다.
하룻밤을 홀로 배 안에서 묵으려 하니 고
향 생각으로 잠을 이루지 못하고 있는데,
강촌교와 풍교로 돌아온 고깃배의 등불만
을 마주할 수 있을 뿐이었다. 잠을 이루
지 못하고 있던 그 때 마침 한산사의 종
소리가 울려 퍼지자 이 시를 지었다. 가
을 밤 강변의 경치를 묘사하고 있는데 눈
에 보이는 경물에 자신의 쓸쓸한 감정을
매끄럽게 이입시키고 있다.

보명보탑에 오른 나의 제자들

　　위 시에서 강촌교와 풍교는 쑤저우 중
심가에서 북서쪽에 위치하고 있는 아치형
의 다리다. 고소(姑蘇)는 쑤저우를 말하는
것으로 쑤저우 서남쪽에 고소산(姑蘇山)이
있어서 이렇게 불렸다. 한산사는 바로 풍
교에 인접해 있다.

　　장계는 자가 의손(懿孫)으로 후베이(湖
北)성 샹양(襄陽) 사람이다. 그의 시는 현재

보명보탑.
한산사 내에 세워진 당나라 양식의 5층 불탑이다. 쑤저우 문화탐
중 한산사에 들른 나의 제자들

128

한산사 앞의 풍교와 장계의 동상

47수가 전해오는데, 백성들의 고통을 묘사한 시가 대부분이다. <풍교에 배를 대고 하룻밤 묵다> 라는 위의 시는 그의 일반적인 시 경향과는 조금 동떨어져 있는 시이다. 그런데 만약 그에게 이 시가 없었다면, 그는 지극히 평범한 시인으로 이름조차 남기지 못하는 처지가 되었을 런지도 모른다. 그만큼 이 시는 당시 중에서도 우뚝 솟아 있다.

이번 연말에는 쑤저우의 한산사에 가서 제야의 종소리를 들으며 세상의 온 시름을 날려 버릴 기회가 있으면 좋겠다.

14 고황(顧況)

호각소리에 나의 애 다 끊어지고

저장(浙江)성 닝보(寧波)에서 연구년을 보내던 그해 여름, 작은 딸 예인이와 함께 하이닝(海寧)에 갈 기회가 있었다.

닝보에서 하이닝에 가려면 먼저 항저우까지 갔다가 항저우에서 하이닝까지 가는 버스를 타는 것이 비교적 편리하다. 하이닝은 항저우와 상하이의 중간 지점에 위치한 도시로 항저우와 상하이에서 약 1시간 거리에 있다.

그날 항저우에서 버스를 타고 1시간이 채 걸리지 않아 하이닝 터미널에 도착했다. 택시로 하이닝의 가장 번화가인 중심가까지는 기본요금 거리였다. 택시의 기본 요금은 5원, 대도시를 제외하고는 중국 대부분

시산 공원 입구

지역의 택시 요금은 한국에 비해 상당히 저렴한 편이라 할 수 있다. 하이닝의 대표적 문화유적지 대부분은 시 번화가에 몰려 있다.

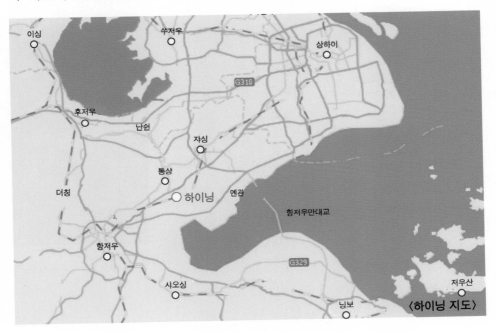

〈하이닝 지도〉

하이닝은 역사가 유구하고 문화가 찬란한 고장이다. 하이닝의 문화를 대표적인 세가지를 들어 '하이닝의 3대문화'라 칭한다. 조수(潮水)문화, 명인(名人)문화, 등(燈)문화가 바로 그것이다.

조수문화는 쳰탕(錢唐)강의 역류하는 조수를 말하는 것으로 일반적으로 '쳰탕차오(錢唐潮)'라 일컫는데, 하이닝의 가장 유명한 자연경관이라 할 수 있다. 달의 인력으로 생기는 자연 현상인 쳰탕차오는 수십리 바깥부터 천군만마가 포효를 하며 질주해오는 것처럼 보인다. 이것을 보고 있노라면, 흥금이 뜨거워지고, 가슴이 온 천하를 다 받아들일 수 있을 것처럼 트여짐을 느낀

131

다. 하이닝의 옌관전(鹽官鎭)은 첸탕차오를 보기에 가장 좋은 곳인데, 이곳에서 첸탕차오를 보는 풍습은 이미 오래 전인 한대에 생겨나서 당송시대에 극히 흥성했다가 지금에까지 이르게 되었다. 역사상 수많은 명인들과 문인들이 이곳에 와서 첸탕차오를 보고 작품을 남겼다. 청대에는 건륭 황제가 6차례 강남으로 행차했다가 4차례나 하이닝에 들러 첸탕차오를 보았고, 현대에 들어서도 쑨원(孫文), 마오쩌둥(毛澤東) 등 역사적인 인물들도 이곳에 들렀다. 첸탕차오는 음력 8월 18일이 가장 볼 만한데, 내가 갔던 음력 7월 16일 그날 역시 청명한 날씨에 강을 거슬러 몰려오는 거대한 하얀 포말은 일생에 한번은 보아야 할 천하의 기이한 볼거리로 손색이 없었다.

고황과 백거이상.
동상에 붙어 있던 동판은 없어진 지 오래다.

명인문화는 하이닝에서 배출한 수많은 인걸을 일컫는 것으로, 하이닝의 명인 배출은 중국 어느 지역과 비교해도 뒤지지 않는다. 일반인들의 귀에도 낯설지 않은 인물들만 열거한다 해도 그 숫자가 적지 않은데, 당대 시인 고황, 송대 여류 사인 주숙진(朱淑眞), 청대 시인 사신행(査愼行), 근대 학자 왕국유(王國維), 현대 시인 쉬즈모(徐志摩), 현대 작가 진용(金庸) 등이 그들이다.

등문화는 송대 이후로 황제에게 바치는 조공품

하이닝의 첸탕차오.
우리가 찾은 그날은 음력 7월 16일로 비교적 낮은 바닷물의 역류 현상이 있었다.

이 된 이곳의 화려하고도 정교한 등을 말하는 것이다.

하이닝 출신의 당대 시인 고황의 작품을 먼저 보기로 한다.

꿈속 고향엔 푸른 이끼 위에 누런 낙엽 가득하더니	故園黃葉滿靑苔
꿈 깨니 성 가에서 들리는 구슬픈 새벽 호각 소리	夢後城頭曉角哀
이 밤 창자 끊는 듯한 슬픔 남들은 알지 못하리	此夜斷腸人不識
일어나 어슴프레한 달 그림자 밟으며 서성이네	起行殘月影徘徊

닝의 시 중심 번화가 부근의 시산(西山) 정상
자미각(紫薇閣). 백거이는 고황을 찾아 하이닝
왔다가 이곳에 올라 시를 짓기도 했다.

남송 시대 하규(夏圭 : 생졸년 미상)가 그린
가을철 첸탕차오. 〈전당추조도(錢塘秋潮圖)〉

고황(725~814)은 자가 포옹(逋翁)으로 이곳 하이닝 사람이다. 757년, 진사에 급제하였는데, 해학을 좋아하고 시와 그림에 능했다. 비서랑과 저작랑 등의 관직을 역임하였는데, 789년, 권문세가를 풍자하고 조롱한 시가 문제가 되어 라오저우(饒州)란 곳으로 좌천되었다가 후에 쑤저우(蘇州)의 마오산(茅山)에 은거하여 스스로 호를 화양산인(華陽山人)이라 하고 연단(煉丹)에 힘썼다.

위 시는 고황이 권문세가들을 조롱한 일로 좌천 당한 후에 꿈에도 그리운 고향 하이닝에 대한 향수를 침울하게 묘사하고 있다. 고향의 정원엔 낙엽만이 뒹굴고 있는 꿈을 꾸다 잠에서 깨어나 계속 잠을 청하지 못하고 일어나 달빛아래 고향 생각에 잠겨 서성이는 모습이 처연하게 그려지고 있다. 고향에 돌아가고 싶어도 돌아갈 수 없는 자유롭지 못한 처지가 마음 속에 번민과 수심만 더해줄 뿐이다.

133

고황은 시는 풍자하고 권계하는 효능이 있어야 한다고 주장하며 내용을 중시하여 사회 현실을 반영한 시를 많이 창작했는데, 풍격은 질박하고 시어는 속어와 구어를 거리낌없이 구사하여 매우 평이하였다. 백거이(白居易)의 스승으로 그의 시에도 영향을 미쳤다.

하이닝의 시 중심 번화가의 북쪽에는 시산(西山)이라는 야트막한 산이 하나 있는데, 그 산의 초입에 고황과 백거이가 함께 있는 동상이 서 있다. 이 동상은 백거이가 항저우에서 벼슬살이를 할 때, 이곳에 있는 스승을 방문했던 것을 기념하여 세운 것인데, 우리가 갔을 때는 동상이 제대로 관리가 되지 않아 동상에 붙어 있던 동판은 없어지고 동상은 아무렇게나 방치되어 있었다.

현대시인 쉬즈모.
『쉬즈모도전(徐志摩圖傳)』
(광동교육출판사, 2005)

시산 공원의 서쪽 기슭에는 하이닝 사람들이 그토록 자랑스럽게 여기는 현대 시인 쉬즈모의 묘지가 있고, 시 중심가의 가장 큰 백화점에서 동쪽으로 100여 미터를 걸어가면 쉬즈모가 살던 옛집에 닿을 수 있다.

하이닝으로 출발하기 전, 하이닝이 고향인 여학생에게 미리 연락을 하여 쉬즈모가 살던 집에 함께 가기로 약속을 했던 터였다. 그 여학생은 일본어가 전공인 학생으로 한국문화에도 관심이 지대해, 닝보대학에서 내 수업을 들었던 거전니(葛貞妮)라는 여학생이었다. 약속 장소인 한 백화점 앞에 시간에 맞추어 헐레벌떡 나타난 그 친구의 손에 커다란 비닐 쇼핑백이 들려 있었다. 하이닝에서 유명한 중국식 장아찌의 일종인 자차이(榨菜)를 종류 별로 한 봉지 가득 사서 선물로 가지고 온 것이었다. 선생님에게 무엇이라도 선물하려는 그 여학생의 정성이 기특하기도 했지만, 중국 학생들의 주머니 사정을 알고 있는 나로서는 선뜻 고맙게 받을 수만은 없었다.

쉬즈모와 장요이. 장요이는 쉬즈모의 첫째부
인으로 남편의 사랑을 받아본 적도 없이 이
혼을 강요당하기에 이른다. 『쉬즈모도전(徐志
摩圖傳)』(광동교육출판사, 2005)

쉬즈모! 그의 인생은 한편의 드라마였다 해도 과언이 아닐 것이다. 생전이나 사후에 그처럼 세인들의 관심을 많이 받은 인물도 없을 것이다. 세인들의 관심을 많이 받았다 하니, 그에 대한 평가가 찬양 일변도라고 생각될는지 모르지만, 그에 대한 평가는 극과 극을 달린다. 그에 대한 상이한 평가는 지금까지 그래왔던 것처럼 앞으로도 계속될 것이다. 이는 그의 문학적 공과에 대한 평가보다는 그의 인생 편력에 대한 평가가 늘 앞장세워지기 때문일 것이다.

쉬즈모는 1897년 1월 15일 하이닝의 제일 부호인 서신여(徐申如)의 아들로 태어났다.

지도를 놓고 항저우에서 상하이에 이르는 철도 노선을 자세히 관찰해보면, 철도의 노선이 곧게 뻗어있지 않고 아래로 치우쳐 하이닝을 지나도록 되어있는 것을 볼 수 있을 것이다. 철도 부설 당시 원래는 철도가 일직선으로 통샹(桐鄕)이라는 곳을 지나도록 계획되어 있었다. 그러나 통샹의 선비들이 철도의 가설이 풍수를 끊는다는 이유를 들어 극구 반대하며 일어났다. 이에 쉬즈모의 아버지는 적극적으로 하이닝 지역 인사들을 설득하여 철도 노선이 하이닝을 통과하도록 한 것이었다. 이렇듯 그는 늘 남다른 혜안을 가지고 사업을 하고 투자를 하여 커다란 부를 축적하였는데, 아들 쉬즈모에 대한 투자가 가장 성공한 투자였다고 할 수 있다.

집에 훈장 선생님을 모시고 교육을 받던 쉬즈모는 1907년 하이닝에 신식 소학교가 생기자, 이곳으로 옮겨 공부를 계속하였다. 1911년 항저우에 있는 항저우부속중학에 입학을 하였는데, 유명한 현대 문학가인 위따푸(郁達夫) 역시 같은 반에서 공부를 하였다. 중국 신문학사상 걸출한 두 명의 작가가 같은 반에서 공부를 한 것은 극히 이례적인 일이라 할 수 있겠다. 1914년 항저우부속중학을 졸업한 쉬즈모는 베이징의 대학에 진학을 할 것인가, 상하이의 대학에 진학할 것인가를 고민하다 베이징대학에 진학을 하게 된다. 1918년 베이징대학에 재학 중이던 쉬즈모는 아버지의 권유로 미국 유학 길에 오르게 된다. 상하이 부두에서 조모와 부친의 배웅을 받으며 '난징(南京)호'를 타고 미국에 간 후 클라크 대학에 입학하여 공부를 하다 콜럼비아 대학으로 옮겨 이 대학을 졸업하게 된다. 루소의 학설에 심취한 그는 루소의 제자가 되기 위해 1920년 영국으로 건너가 런던 대학과 캠브리지 대학에서 공부를 하던 중, 1922년 8월 갑작스레 귀국을 결정한 후 중국으로 돌아오게 된다. 중국으로 돌아와 베이징 대학과 상하이 광화 대학 등에서 교수로 후진을 양성하다, 1931년 난징에서 베이징으로 가는 우정국 소속 화물기에 탑승했다가 산둥성 지난(濟南) 근처에서 비행기가 산에 부딪히는 사고를 만나 세상을 떴다. 그 때 그의 나이 겨우 35세였다. 이상이 그의 짧은 35세 인생의 간략한 자취이다.

　그의 일생 동안 3명의 여인이 그의 주위에 있게 된다. 이것이 그를 세인들의 입에 오르내리게 하는 가

린후이인.
그녀와의 만남은 쉬즈모를 일생 동안 열병을 게 만들었다. 『량스청, 린후이인 그리고 나(梁成林徽因與我)』
(청화대학출판사, 2004)

린후이인과 그녀의 부친 린창민.
『량스청, 린후이인 그리고 나(梁思成林徽因與我)』
(청화대학출판사, 2004)

장 커다란 요인일 것이다.

3명의 여인이란 첫번째 부인인 장요이(張幼儀), 그토록 흠모했건만 끝내 맺어지지 못한 상대인 린후이인(林徽因), 두번째 부인인 루샤오만(陸小曼)이 그들이다.

첫번째 부인인 장요이와는 항저우부속중학에 재학 중이던 1913년 약혼을 하게 된다. 당시 쉬즈모는 16세 장요이는 13세로, 장요이는 쑤저우의 제2여자사범학교에 재학중인 학생이었다. 쉬즈모는 베이징대학 재학 중이던 1915년 겨울 고향인 하이닝에 돌아와 결혼식을 올리게 된다. 결혼 초기부터 쉬즈모는 장요이가 눈에 차지 않았고 신부에 대해 애틋한 감정이 솟질 않았다. 1918년 둘 사이에 장남이 태어나지만 그들의 관계는 좀처럼 호전되질 않았다. 1920년 영국에 유학 중인 남편과 합류하기 위해 런던으로 간 그녀는 도리어 남편의 냉대를 받고 임신한 몸임에도 불구하고 이혼을 강요당하기에 이른다.

아내에게 한 자락의 마음조차 열어주지 않던 쉬즈모에게 아름답고 지적인 린후이인이 나타나 일생동안 그를 열병을 앓게 한 것은 1920년 영국 유학 중 그녀를 본 순간부터였다. 훗날 중국 최초의 건축사가 된 재원인 린후이인을 본 순간 마음을 빼앗긴 쉬즈모는 당시 16세에 불과한 린후이인에게 자신의 타오르는 연정을 숨기지 않고 시로 표현하여 그녀에게 보내지만, 이러한 일을 처음 당하는 그녀는 어떻게 대처를 해야할 지를 모르는 어린 나이였다. 도리어 이 사실을 알게 된 린후이인의 아버지 린창민(林長民)이 그녀를 대신하여 쉬즈모에게 정중한 충고의 답장을 쓰게 된다. 그러나 이것으로 그들의 교류가 완전히 단절된 것은 아니었다. 간헐적인 교류는 린후이인이 1924년 영국에서 미국으로 유학을 떠날 때까지 지속된다. 미국으로 유학을

루샤오만.
쉬즈모의 두번째 부인.
『쉬즈모도전(徐志摩圖傳)』
(광동교육출판사, 2005)

쉬즈모와 루샤오만의 신방

떠난 린후이인은 이전부터 알고 있었던 량스청(梁思成)과 약혼을 하게 되는데, 량스청은 유명한 학자인 량치차오(梁啓超)의 아들이다. 량스청과 린후이인은 모두 펜실바니아 대학에서 건축학을 전공하게 되고 대학을 졸업하던 해인 1927년 캐나다 오타와에서 결혼을 하게 된다. 1928년 8월 량스청과 린후이인은 귀국하여 선양(瀋陽)의 동베이(東北) 대학 건축학과에서 봉직하게 된다. 당시 폐결핵에 걸린 린후이인의 치료를 위해 량스청은 동베이대학 교수직을 사직하고 베이징에 와서 새로운 일자리를 찾게 된다. 쉬즈모와 미국에서 돌아온 린후이인과의 서신 교환과 내왕은 이후로도 계속된다.

두번째 부인이 된 루샤오만과는 1924년 알게 되고, 1926년 결혼을 하게 된다. 이전에 루샤오만은 전 남편과 서둘러 이혼을 하고, 쉬즈모와 결혼을 한 것이다. 그 해 10월 베이징에서 결혼식을 올린 두 사람은 상하이로 와서 하이닝의 새 집이 완공되기를 기다린다. 신식으로 지은 새 집이 완공된 후 두 사람은 이 집에 들어와 1달 남짓을 살게 된다. 지금 하이닝에 남아 있는 쉬즈모의 옛집이라고 하는 것이 바로 그것이다. 두 사람의 결혼이 우여곡절 끝에 이루어진 것처럼 두 사람의 결혼생활 역시 결코 순탄치 않았다.

하이닝의 쉬즈모 옛집.
쉬즈모는 루사오만과 결혼 후 이곳에서 약 한달 간 살았다.

쉬즈모의 생가에는 그와 교유했던 외국 명인들의 자료가 전시되어 있는데,
그 중 인도 시인 타고르와의 교유를 묘사한 그림이 눈에 띤다. 이 그림은 우
리를 안내했던 중국 학생 거전니의 고등학교 미술 선생님이 그린 그림이라고
했다.

중국의 전통 관습을 뒤로한 채, 자신의 자유 이상을 실현하기 위해 일생 내내 몸부림 친 쉬즈모를 어떻게 평가해야만 하는 것일까?

쉬즈모가 살던 집과 하이닝의 조수를 보고 다시 항저우로 돌아오는 버스에 올랐다. 항저우에 거의 도착할 무렵, 한 통의 문자 메시지를 받았다. 하이닝을 안내했던 그 여학생으로부터 온 문자메시지였다. 잘 도착하였는지를 묻는 안부와 함께 자신이 가장 좋아하는 쉬즈모의 시를 보낸다 하면서. 그 시를 여기에 적어본다.

<캠브리지여, 안녕>   <再別康橋>

아무도 모르게 떠나네   悄悄的我走了
아무도 모르게 왔던 것처럼   正如我悄悄的来
나그네 소맷자락 휘날리며   我揮一揮衣袖
한 조각 구름마저 가져가지 못하네   不帶走一片雲彩

옌관전의 첸탕차오를 보기 위해 첸탕강을 찾았다. 우리를 안내했던 닝보(寧波)대학
학생 거전니와 함께

옌관전의 첸탕차오를 본 후 기념비석 앞에서.

15 유장경(劉長卿)

청 건륭(乾隆)황제와 하이닝(海寧)

시인 유장경(劉長卿)이 하이닝 출신 시인 고황에 대해 묘사한 시를 본다. 그리고 이어 하이닝 지역과 관련된 역사 이야기를 할까 한다. 먼저 유장경의 《過橫山顧山人草堂》이라는 시를 읽어보자.

산이 앞을 가로막고 있는데	只見山相掩
누가 길이 나있다고 했던가	誰言路尚通
깎아지른 산까지 올라왔으나	人來千嶂外
온갖 꽃 흐드러진 곳에 개 짖는 소리 뿐	犬吠百花中
가느다란 풀은 흩뿌리는 비에 향기를 더하고	細草香飄雨
늘어진 수양버들은 비낀 바람에 여유롭네	垂楊閑臥風
나무꾼 길을 따라 가보고자 하니	卻尋樵徑去
쓸쓸이 푸른 냇가 동쪽에 있네	惆悵綠溪東

이 시는 유장경이 고황의 초당을 찾아 산에 들어갔다가 다시 나오는 과정을 묘사한 시이다. 첫째 연은 시인이 산으로 들어가는 것이 용이하지 않음을, 중간의 두 연은 고황의 초당이 있는 산의 아름다움을 세세하게 묘사를 하고 있다. 마지막 연은 첫째 연과 서로 호응하여 고황의 초당이 깊은 산 속에 있음을 재차 말하고 있다. 시인이 묘사한 대상을 차근 차근 따라가다 보면, 우리는 한 폭의 그윽하고 빼어난 산수화 속으로 이끌려 들어가는 듯한 느낌을 받게 된다. 특히 셋째 연은 가느다란 풀과 수양버들이 하늘거리는 모양을 그려내고 있는데, 풀과 수양버들에 생명을 불어넣어 마치 살아 움직이는 것처럼 느껴진

청대 사람이 그린 조복을 입은 건륭황제. 그는 사고전서 등 여러 전적을 정리 편찬하여 문화형 황제로 평가받고 있다. 고궁박물원 소장

다. 또한 시 전체가 사물 - 사람 - 사물 - 사람이 교대로 등장하여, 시의 이미지가 끊임없이 변화하고, 아울러 시인의 발자취의 움직임에 따라 시의 정절과 기복 또한 끊임없이 변화하고 있다.

고황의 초당이 소재하고 있던 하이닝은 여러 명인들에 얽힌 이야기가 수도 없이 많이 전해져 내려오고 있다. 그 가운데에서도 첸탕장 강가 가까이에 있는 진객로(陳閣老)라는 사람이 살던 집에 관한 이야기는 그 중 하나이다.

중국의 황제 가운데 건륭(乾隆) 황제만큼 우리에게 수많은 이야기 거리를 남긴 황제도 아마 없으리라 생각한다. 그에 관한 수많은 드라마가 이미 제작되었고, 지금도 많은 드라마가 방영되고 있을 정도로 말이다.

건륭 황제의 어머니는 과연 누구일까? 라는 과제가 아직도 사학계에서는 커다란 쟁점으로 남아 있다. 아직도 정론이 없는 상황이다. 야사와 전설에는 그의 출생에 관한 여러가지 이야기들이 돌아다니는데, 그 중 대표적인 것이

하이닝의 진객로라는 사람과 관련 있는 것이다.

건륭 황제의 생모에 관한 전설 가운데 사람들의 입에 가장 많이 오르는 전설은 바로 하이닝의 대학사였던 진세관(陳世倌)의 부인이라는 설이다. 하이닝에서는 청대에 세 명의 재상이 배출되었는데, 그들은 모두 어떤 혈연 관계에 의지해 재상 자리에 올랐던 사람들이 아니라, 그들 자신의 실력으로 재상이 되었던 사람들로도 유명하다. 옹정(雍正) 황제 때 대학사를 지낸 진세관이라는 사람이 그 중 한 사람이다. 이 진세관이라는 사람이 바로 진객로라는 사람이다. 청나라 때 재상을 민간에서는 객로라고 불렀다. 전설에 의하면 진객로 집안은 건륭 황제의 아버지인 옹친왕(雍親王 - 후의 옹정 황제)과 자주 왕래를 하는 사이였다. 하이닝의 진객로의 집에 가면, 실제로 옹정 황제가 내렸다는 아홉 마리의 용이 그려진 편액을 볼 수 있다.

진객로 집의 입구.
빠오룬어(鮑潤娥) 촬영

옹정황제가 써서 내렸다는 애일당(愛日堂)이라는 편액. 애일이라는 말은 양웅(揚雄)의 '효자애일(孝子愛日)' 에서 따온 것으로, 효자는 날을 아껴 부모를 오래 섬기고자 하는 효성이 있음을 이르는 말이다. 빠오룬어(鮑潤娥) 촬영

내부로 통하는 문, 문 위의 이효작충(移孝作[□])이라는 문구가 눈에 띈다. 부모에 효도하는 [□]으로 황제에게 충성을 다하자는 의미다. 빠오룬어(鮑潤娥) 촬영

옹친왕의 비가 딸을 출산한 날, 공교롭게도 진객로의 부인 역시 아들을 출산하였다. 옹친왕은 서로 왕래를 할 정도로 절친한 사이였던 진객로의 아

들이 보고 싶다고, 아들을 강보에 싸서 북경으로 보내도록 하였다. 그런데 며칠 뒤 강보에 싸여 되돌려 온 아이는 뜻밖에도 남자 아이가 여자 아이로 바뀌어 있었다. 진객로는 사태의 중대성을 감지하고는, 이에 관해 감히 어떠한 말도 입 밖으로 낼 수가 없었음은 물론이다. 옹친왕의 집에서 바뀐 그 아이가 바로 후의 건륭 황제라는 것이다. 건륭은 황제가 된 후 6차례 강남에 행차를 하였다. 그 강남 행차의 목적이 바로 하이닝에 있는 친부모를 만나기 위함이었고, 4차례는 실제로 하이닝의 진객로의 집에서 묵었다고 하는 전설이다.

이 전설은 수많은 소설과 드라마를 통해서 윤색을 거듭해 일반인들은 마치 사실처럼 받아들이고 있는 실정이다. 여기에는 특히 이곳 하이닝 출신의 유명 소설가인 진용(金庸)의 무협소설 <서검은구록(書劍恩仇錄)>의 영향이 가장 컸다고 할 수 있다. 그런데 실제로 진객로의 집에는 건륭황제가 써서 내렸다는 애일당(愛日堂)이라는 편액이 걸려 있기도 하다.

위의 전설 외에 민간에 광범위하게 퍼져있는 또 하나의 전설은 건륭의 생모가 열하(熱河)의 궁녀라는 설이다. 청나라 때에는 열하(지금의 청더(承德))에 피서산장(避暑山莊)이라는 행궁을 지어놓고 여름이 되면 황제들은 이곳에서 집무를 하였다. 옹친왕은 아버지 강희 황제를 따라 이곳에서 가까운 초원에 사냥하러 갔다. 그는 노루 한 마리를 사냥하여 노루피를 먹었는데, 노루피의 효과가 금방 나타났다고 한다. 그런데 당시 주위에 한 명의 비빈도 없어서 피서산장에서 잡일을 하던 궁녀를 가까이할 수밖에 없었다. 그 궁녀가 이듬해 아들을 출산하였고, 그 남자 아이를 궁궐로 데리고 와서 키워 나중에 황제가 되었다는 전설이다. 심지어 그 궁녀의 이름이 이금계(李金桂)라고 구체적으로 주장하며, 이 설이 사실임을 주장하는 학자들도 있다.

건륭황제의 생모에 관한 사항은 아직 정설이 없는 상태이다. 하지만 하이닝에 가서 진객로의 집을 돌아본 후에는 민간에 돌아다니는 전설이 사실인 것처럼 받아들여졌다. 역사적 사실을 입증하려는 역사학자들의 고증보다는 전설을 바탕으로 흥미진진하게 이야기를 꾸미는 소설이나 드라마가 더욱 우리의 구미에 맞기 때문이리라.

청대의 여름 행궁인 청더 피서산장의 수심사(水心榭)

청대 화가 냉매(冷枚 : 생졸년 미상)가 그린 피서산장.
사실적이고도 세밀하게 황가 원림의 면모를 잘 표현하였다.

146

평안춘신도(平安春信圖).
건륭황제가 즉위하기 전에 옹정황제와 대나무 아래에서 시서에 대해 담론하는 것을 묘사한 그림으로 부자 사이의 애틋한 감정을 느끼게 한다.
이태리에서 온 주세페 카스틸리오네 (Giuseppe Castiglione, 1688~1766)의 작품이다. 고궁박물원 소장

주세페 카스틸리오네가 그린 피서산장
인근에서 사냥을 하기 위해 갑옷을 입은 건륭황제. 주세페 카스틸리오네는 강희 54년(1715)년 천주교 예수회의 수도사로 중국에 선교하러 왔다가 궁정화가가 되었다. 강희제, 옹정제, 건륭제 등 세 황제의 재위 기간 중 50 여년 동안 궁정화가로 활약하며 서양의 선진 회화 기법을 중국에 전파하여 중국 회화 발전에 지대한 공헌을 하였다. 고궁박물원 소장

피서산장 인근의 사냥처에서 사냥을 마친 후 시상을 하는 장면.
가운데 앉아 있는 이가 건륭황제이다. 역시 주세페 카스틸리오네의 작품이다.
고궁박물원 소장

16 맹교(孟郊)

가 없는 어머니의 사랑

맹교의 발자취를 찾으러 항저우에서 가까운 모깐산(莫干山)을 찾았다. 모깐산은 저장(浙江)성 북부인 더칭(德淸)현에 소재하고 있는 산으로 상하이, 난징, 항저우의 중간 지점에 위치하고 있다.

우리는 먼저 항저우로 이동한 후 항저우의 북터미널에서 버스를 타고 40분만에 더칭의 버스터미널에 도착하였다. 다시 더칭의 터미널에서 소형버스를 타고 모깐산의 산 정상 부근의 숙소까지 이동하였다. 중국의 유명산을 다니다보면, 거의 모든 산의 중턱이나 정상에 거대한 호텔을 지어놓고 등산객들을 불러 모으는데, 이 산도 예외는 아니었다.

모깐산 계곡의 간장과 막야의 동상.
왕주롄(汪祖蓮) 촬영

〈저장성 더칭 지도〉

　모깐산이라는 명칭은 춘추시대 말기 오나라 왕 합려(闔閭)가 막야(莫邪)와 그의 남편인 간장(干將)을 이 산에 파견하여 천하의 명검을 주조하게 한 것에서 유래되었다.

　대나무, 구름, 온천이 유명한 이 산은 4계절 모두 기이하고 뛰어난 풍광으로 '강남 제일의 산'이라 일컬어지고 있다. 특히 이 산은 온통 대나무가 바다를 이루고 있는데, 많은 품종으로 그리고 좋은 품질의 대나무로 유명하다. 우거진 녹음으로 인해 여름에도 서늘하여 중국 4대 피서승지로 꼽히기도 하는데, 청말 민국 초기에 이미 이곳에 유럽식, 미국식, 일본식, 러시아식 별장 200여 채가 건설되어 '세계건축박물관'이라는 칭호를 얻을 정도로 각광을 받은 지 오래이다.

　　사위가 고요하기 짝이 없는 그날 밤, 바람과 함께 빗방울이 떨어지기 시작하였다. 바람에 휩쓸려 부딪히는 대나무 가지와 잎들의 소리와 대나무 잎사귀 위로 떨어지는 빗방울 소리는 아직껏 들어본 적이 없는 자연의 오묘한 음악 그 자체였다.　이튿날 아침 산 중턱의 숙소에서 바라다 본 모깐산은 시시각각으로 자신의 모습을 변화시키며 자신의 자태를 뽐내고 있었다. 짙은 구름이 산을 모두 집어 삼킬 듯이 몰려와 산 전체를 휘감는가 했더니, 이내 구름을 걷고 눈이 시리도록 푸르른 대나무 숲의 물결을 보여주기에 여념이 없었다.

모깐산. 대나무가 바다를 이루고 있다.
왕주렌(汪祖蓮) 촬영

시검애(試劍崖). 간장과 막야가 명검을 주조한 후에 칼을 바위에 내리쳐 칼을 시험했다고 알려진 절벽이다. 왕주렌(汪祖蓮) 촬영

모깐산 정상 부근의 연못 절벽에 새겨진 거대한 '취(翠)' 자. '취'자는 모깐산의 비취색을 상징한다. 루잉화(陸英華) 촬영

　　아름다운 산수가 심오한 문화를 배양하고, 심오한 문화가 산수의 매력을 더해준다는 말을 이곳에 와서 실감할 수 있었다.
　　오후에 더칭 사람들이 자랑하는 많은 명인 가운데 한 사람인 당나라 시인 맹교의 발자취를 더듬었다. 그의 <떠돌이 아들의 노래(游子吟)> 시는 중국 초등학교 1학년 교과서에 실릴 정도로 유명한 천고의 절창이다. 이 시를 읽어보도록 하자.

인자한 어머니 손끝의 실은	慈母手中線
떠돌이 신세인 나의 옷이네	游子身上衣
떠나기 전 한 땀 한 땀 촘촘히 꿰매시는 것은	臨行密密縫
아들 더디 돌아올까 걱정해서라네	意恐遲遲歸
누가 감히 말할 수 있으리오 풀 같이 연약한 효심이	誰言寸草心
봄 빛 같은 어머니 은혜를 갚을 수 있다고	報得三春輝

1992년 홍콩에서는 홍콩 사람들이 가장 사랑하는 당시 10수를 선정하는 행사를 개최한 적이 있는데, 위 시가 당당히 가장 앞자리를 차지하였다. 어떠한 점이 그토록 홍콩 사람들의 마음을 끌어당겼을까?

위에서 촌초심(寸草心)은 자식들의 부모에 대한 효심이 미약하다는 것을 비유한 것이다. 이 시는 길 떠나는 아들을 위해 한 땀 한 땀 옷을 만드는 어머니의 순결하고 숭고한 사랑을 묘사하고 있는데, 소박하고도 자연스러우며 은근하여 읽는 이의 심금을 울린다.

청대 화가 전혜안(錢慧安 : 1833~1911)이
그린 시의도

맹교는 자가 동야(東野)로 젊었을 때 고향 더칭을 떠나 숭산(嵩山)의 소실산(少室山)에 은거하여 자칭 처사라 하였다. 성격이 강직하고 지조가 있어 한유(韓愈)는 그를 보자마자 교우 관계를 맺고 그와 시를 주고받는 사이가 되었다. 과거에 여러 차례 도전하였으나 번번이 고배를 마시다, 46세가 되어서야 겨우 진사(進士)시험에 합격하고, 50세에 리양(溧陽)의 현위(縣尉)가 되었다. 그러나 산수만 유람하다 상부의 질책을 받자 벼슬을 내놓고 귀향했다. 이후 다시 등용되었지만 변변찮은 여러 관직들을 맴돌다 빈곤 속에 죽었다. 친구 장적(張籍) 등은 그에게 빛이 사방을 비춘다는 의미로 정요선생(貞曜先生)이라는 시호를 지어주기도 하였다.

더칭 박물관, 박물관 내에 맹교 관련 유물이 있다. 루윈야(陸雲姬) 촬영

박물관 안의 맹교와 그의 어머니상, 그리고 맹교가 어머니를 위해 판 우물을 이곳에 옮겨 전시하고 있다. 루윈야(陸雲姬) 촬영

더칭에 가면 더칭 사람들의 맹교에 대한 대단한 사랑과 자부심을 읽을 수 있을 정도로 곳곳에서 맹교의 자취를 찾아볼 수 있다. 더칭 박물관에는 맹교가 어머니를 위해 팠던 우물과 우물 옆에 세웠던 비석이 전시되어 있으

며, 더칭 시내의 하빈(河濱) 공원에는 맹교의 상이 서있고, 맹교의 시구를 따 이름 지은 춘후이(春輝) 공원에는 현대 저명 문학가인 셰빙신(謝氷心)이 쓴 <떠돌이 아들의 노래> 시가 부조로 조각되어 있다.

더칭의 춘후이 공원. 루윈야(陸雲婭) 촬영

더칭의 춘후이 공원은 고전미와 현대적 감각이 조화를 이루고 있는 시민들의 휴식처이다. 루윈야(陸雲婭) 촬영

17 설도(薛濤)

우리 가곡 〈동심초〉의 원시

1년 365일 중 300일 이상이 흐린 날이라서 '이곳의 개는 해가 뜨면 해가 낯설어 해를 보고 짖는다.(蜀犬吠日)'라는 말이 생길 정도인 옛날 유비의 땅이었던 중국 쓰촨(四川)성 촉(蜀) 지역. 중국 쓰촨성 촉 땅에 발을 내딛기를 그 동안 얼마나 갈망하였었던가? 그런데 그 기회가 우연찮게 나에게 주어졌다. 그러나 청두(成都)의 첫 방문은 공무를 위해 갔던 터라 마음을 가라앉히고 여유롭게 촉 문화에 젖어들 처지가 되질 못했다.

청두에 있는 동안 역시 날씨는 비가 내리거나 흐린 날의 연속이라 맑은 하늘을 볼 수 없었고, 분지 형태의 지형으로 인해 오염된 공기가 빠져나가질 못해서일까? 매연과 안개가 뒤섞인 축축하고 매캐한 공기는 온종일 목을 매스껍게 자극하였다. 게다가 서남 지역의 가장 큰 도시이고 경제가 가장 발달한 도시인지라 시내는 어디를 가나 사람의 물결로 흘러 넘쳤고, 인구가 많다 보니 교통 체증으로 하루 종일 온 도로가 몸살을 앓고 있었다. 지금까지 중

망강루공원 입구

망강루 공원 내의 설도 기념관

국의 여러 도시를 가보았지만, 청두처럼 택시 잡기가 어려운 도시는 처음이었다. 그곳 사람들의 이야기로는 인구가 워낙 많은데다가 상대적으로 택시 요금이 싸기 때문이라고 했다.

그러나 적응할 수 없을 것 같은 기후와 불편한 교통 등은 청두의 명성을 조금도 퇴색시키지 못했다. 처음 청두에 가는 사람일지라도 청두를 사랑할 수 밖에 없도록 만드는 것은, 그곳의 유구한 역사에서 배어 나오는 심오한 문화적 분위기와 그곳에 사는 사람들의 친절과 열정 때문일 것이다.

청두에서의 모든 공식적인 일정이 끝난 마지막 날, 공식 행사에 참가했던 100여명에 달하는 우리 일행은 단체로 청두에서 2시간 거리에 있는 러산(樂山) 대불(大佛)을 참관하기로 되어 있었다. 청두 시내의 문화유적지를 둘러보기에도 빠듯한 일정인데, 단체에 합류하여 억지로 먼 그 곳을 다녀와야 하는가 하는 생각에 나는 일찌감치 러산 대불 참관 계획을 포기한 채 개인적으로 청두의 3대 유적지라 칭해지고 있는, 시인 두보의 유적지인 '두보초당(杜甫草堂)', 제갈량의 사당인 '무후사(武侯祠)' 그리고 여류 시인 설도의 유적지인 '망강루공

155

원(望江樓公園)'을 둘러보기로 하였다.

나는 먼저 설도를 만나기 위해 '망강루공원'으로 향했다. 망강루공원 입구에 들어서니 이내 설도기념관이 보였고, 단아하게 앉아있는 그녀의 조각상이 눈에 들어왔다. 그런데 조각상 바로 앞에서 뜻밖의 한 사람을 만났다. 계획대로라면 그 시간에 러산 대불을 구경하고 있어야 할 교육과학부 소속의 연구사를 만난 것이었다. 낯선 이국 땅을 홀로 어슬렁거리는 서로의 모습에 생각이 서로 통했다고 유쾌하게 웃던 기억이 아직도 또렷하다.

설도, 낯설기 짝이 없는 이름일 것이다. 그러나 그녀의 작품을 알게 되면, 그녀가 우리에게 얼마나 가까이 다가와 있는지 놀랄 것이다. 우리가 자주 듣던 가곡 중에 <동심초>라는 곡을 기억할 것이다.

꽃잎은 하염없이 바람에 지고
만날 날은 아득타 기약이 없네
무어라 맘과 맘은 맺지 못하고
한갓되이 풀잎만 맺으려는고
한갓되이 풀잎만 맺으려는고

지금 학생들은 가곡에 대해 관심이 조금은 없는 듯, 학생들에게 이 곡에 대해 아는가 물으면 아는 학생이 드물다. 학창시절 나는 이 노랫말을 김소월의 스승이었던 김억이라는 분이 작사를 한 줄 알았는데, 후에 알고 보니 설도의 시를 그 분이 번역을 했던 것이었다. 그런데 그 번역이 너무도 맛깔스럽고 멋있어서 무릎을 쳤던 기억이 난다. 최근에는 팝과 오페라를 접목시킨 팝페라의 테너인 임형주군이 이 노래를 다시 불렀는데, 새로운 감각이 묻어 나온다. 여러분도 기회가 되면 임형주군의 노래를 들어보기 바란다.

설도는 원래 장안(長安)의 양가집 출신이었다. 어렸을 때 부친인 설운(薛鄖)을 따라 청두로 이주하였다. 부친이 세상을 떠난 후 패가하여 기녀가 되었는데, 용모가 수려하고 시적 재능이 뛰어나 고관대작들의 연회에 자주 초대받아 그들과 교유하였고, 또한 당시 유명한 시인들인 원진(元稹), 왕건(王建), 백거이(白居易), 두목(杜牧) 등과 시를 주고받을 정도로 문학적 재능이 뛰어났다. 당시 청두(成都)의 완화계(浣花溪)라는 곳은 양질의 종이가 생산되는 곳이었는데, 종이의 크기가 너무 커서 절구 같은 짧은 편폭의 시를 적기에는 적합하지 않았다. 이에 설도는 특히 선홍색의 종이를 직접 만들어 촉의 명사들과 시를 주고 받았는데, 이 종이는 당시의 풍류를 즐기는 사람들에게 평판이 높아 설도전(薛濤箋), 완화전(浣花箋)이라는 이름으로 크게 유행하였다. 지금도 청두의 망강루(望江樓) 공원에 가면 설도가 종이를 만들 때 물을 긷던 우물인 설도정(薛濤井)을 볼 수 있다.

가곡 <동심초>의 원시인 설도의 <봄의 소망(春望詞)>라는 시를 읽어 보자.

설도상.
설도 기념관 앞에 단아하게 앉아있는 설도

설도정.
설도는 이곳의 물을 길어 선홍색의 종이를 직접 만들었다.

꽃잎은 바람에 날로 지는데	風花日將老
만날 날은 여전히 아득하기만 하네	佳期猶渺渺
마음과 마음은 맺지 못하고不	不結同心人
괜스레 풀잎만 맺으려 하는가	空結同心草

　위 시는 봄이 되어 꽃은 피고 다시 꽃은 지는데 만날 기약은 아득하기만 하여 더욱 커져만 가는 그리움을 읊은 시이다. 동심(同心)은 동심결을 말하는데, 동심결은 면으로 만든 두 개의 띠를 고리 모양으로 엮어서 만든 매듭이다. 이 매듭은 지조와 절개가 굳은 애정을 상징한다. 사랑하는 사람과 마음을 맺지 못하고 공연히 동심결 매듭만 맺고 있는 서글픔과 허망함이 묻어난다.

설도의 묘.
설도가 좋아했던 대나무에 에워싸여 있다.

159

18 왕건(王建)

촉 땅의 설도에게

학생들에게 중국의 어느 지역을 가장 가고
싶은가 물으면 여학생들은 대부분 티벳 지역
을, 남학생들은 쓰촨(四川) 지역을 가장 가고
싶다고 대답한다. 티벳의 세속에 물들지 않은
고결함과 순수함에 이끌려서일 것이고, 쓰촨
의 아름다운 여인들과 수려한 풍광에 대한 소
문 때문이리라고 이해를 한다. 수업 시간 중

망강루공원을 휘감아 흐르는 부하(府河)

에 쓰촨 지방에 대해 설명하고자, 학생들에게 쓰촨하면 무엇이 가장 먼저 생
각나는가 하고 질문하면 어김없이 사천자장면이 생각난다고 한다. 이런 대답
을 들을 때마다 박장대소를 한 적이 한 두 번이 아닌데, 학생들은 우리나라
의 유명 라면 회사의 라면 이름을 떠올려 대답하는 것이었다.

쓰촨하면 무엇이 가장 먼저 떠올려지는가? 아마도 우리가 어렸을 때부터

즐겨 읽던 삼국지의 촉(蜀)나라가 가장 먼저
떠올려질 것이다. 유비와 제갈량의 문화유적
지가 즐비한 이곳은 예로부터 천부지국(天府之
國)이라 하여 산물이 풍부하고 천혜의 살기 좋
은 곳으로 이름이 높은 지역이었다. 그리고
이 촉 땅에서는 고래로 걸출한 문인들이 많이
배출되었는데, 당대의 이태백(李太白), 송대 문
호 소동파(蘇東坡)를 비롯하여 현대의 바진(巴
金), 궈모뤄(郭沫若) 등이 모두 이곳 출신이다.

망강루.
망강루 공원 내의 4층 누각으로 높이 39미터의 웅장한
건축물이다.

　여기에서는 시인 왕건이 쓰촨 청두에서 활약하던 설도의 문학적 재능을
찬미한 시 <촉 땅의 설도에게(寄蜀中薛濤校書)>를 보기로 한다.

　　　만리교 가의 여교서
　　　　　萬里橋邊女校書
　　　비파 꽃 가득 핀 곳에서 홀로 사네
　　　　　枇杷花里閉門居
　　　문학에 재능 있는 여인들은 많지만
　　　　　掃眉才子知多少
　　　문학적 재능 모두 설도만 못하네
　　　　　管領春風總不如

무후사.
유비와 제갈량이 함께 모셔진 사당으로, 군신이 함께 모
셔진 중국 유일의 사당이다.

삼의묘.
청 강희제 원년에 건축된 사당으로 사당 안에는 유비, 관
우, 장비의 상이 있다.

　위에서 만리교(萬里橋)는 쓰촨성 청두에 있는 다리로, 설도는 만리교 부근
의 완화계(浣花溪)에 살았다. 그녀는 자신의 집 주위에 비파나무를 많이 심어
놓고 비파꽃이 피면 꽃을 감상하는 것을 커다란 낙으로 삼았다. 당시 청두의
고관대작이 설도를 주연에 자주 불러 시를 짓게 하고는 여교서라 칭호를 주
었는데, 이로부터 시문에 능한 기녀를 교서라 칭하게 된 것이다. 완화계 근
처에서 직접 물을 길어 선홍색 종이를 만들고, 그 자그마한 종이에 시를 적
어 촉 땅의 명사들과 교류한 것은 이미 살펴본 그대로이다. 설도 자신이 종
이를 만들기 위해 물을 긷던 우물 앞에 서니, 신분 체제의 장벽에 가로막혀
웃음을 팔며 일생을 살아야 했던 시인 설도의 모습이 눈앞에 아른거려 가슴
이 저려왔다.

왕건의 〈설도에게 주는 시(贈薛濤)〉 시의도.
명대 사람이 그렸다.

19 최 호(崔護)

복숭아꽃은 예전처럼 피었건만

몇 년 전 연구년으로 1년 만에 학교로 돌아와 학생들 앞에 다시 서서 강의하며 느낀 감정 가운데 가장 커다란 것은, 불과 1년 만에 제 자리로 돌아왔건만, 이미 많은 제자들이 졸업을 한 뒤라 다시는 그들을 예전처럼 쉽게 만날 수 없으리라는 서운한 감정이었다.

이제 봄이 가까이 다가와 많은 꽃들이 앞 다투어 피면 이러한 아쉬움은 더욱 커지리라 생각한다. 봄이 와서 다시 피어난 꽃은 예전 그대로인데, 꽃 아래에서 만났던 그 사람들을 다시금 볼 수 없는 서러움을 토해낸 시를 함께 본다.

여러분에게 소개할 시는 최호라는 시인이 당시 당나라의 수도였던 장안으로 진사시험을 응시하러 갔을 때 지은 시이다. 청명절, 그러니까 우리의 식목일 그 즈음에 지은 시이다. 최호가 홀로 장안의 남쪽 도계보(桃溪堡)라 불리는 교외를 거닐다 목이 말라 물 한잔을 청하고자 어느 집 대문 앞에 이르

164

렀다. 마침 흐드러지게 피어있는 복숭아 꽃 아래 서 있는 아리따운 아가씨에게 물 한잔을 부탁하였다. 그 아가씨의 얼굴에 복숭아꽃의 분홍빛이 어려 그렇게 예쁠 수가 없었다. 최호는 장안을 떠난 후에도 오랜 동안 복숭아 꽃 아래 서 있던 그 아가씨의 모습을 잊을 수 없었다. 그래서 이듬해 청명절 다시 그 마을을 찾아갔다. 그러나 복숭아꽃은 예전처럼 피었건만 작년 그 집 문은 굳게 닫혀있었고 복숭아꽃 아래에 서있던 그 아가씨 역시 찾을 길이 없었다. 이에 최호는 그 서운한 마음을 그 집 대문에 직접 써내려가기 시작하였다.

작년 오늘 이 사립문에는
아리따운 얼굴 복숭아꽃에 붉게 비추었지
그 자리 아리따운 얼굴 간 곳 알 수 없는데
복숭아꽃만 예전처럼 봄바람에 웃고 있네

去年今日此門中
人面桃花相映紅
人面不知何處去
桃花依舊笑春風

청대 풍기(馮箕 : 생졸년 미상)가 그린
〈장안 남쪽의 교외에서(題都城南庄)〉시 시의도

복숭아꽃은 중국의 장안(시안)이 우리나라보다 더 빨리 피는 것 같다. 우리는 4월 중순이후에나 복숭아꽃이 만발한 것을 볼 수 있으니 말이다.

우리나라에도 최호의 시와 흡사한 시가 있다. 바로 김용택 시인의 〈꽃처럼 웃을 날 있겠지요〉 라는 시이다.

작년에 피었던 꽃
올해도 그 자리 거기 저렇게
꽃 피어 새롭습니다.
작년에 꽃 피었을 때 서럽더니
올해 그 자리 거기 저렇게
꽃이 피어나니
다시 또 서럽고 눈물 납니다.
이렇게 거기 그 자리 피어나는 꽃
눈물로 서서 바라보는 것은
꽃피는 그 자리 거기
당신이 없기 때문입니다.
당신 없이 꽃 핀들
지금 이 꽃은 꽃이 아니라
서러움과 눈물입니다.

작년에 피던 꽃
올해도 거기 그 자리 그렇게
꽃 피었으니
내년에도 꽃 피어나겠지요.
내년에도 꽃 피면
내후년, 내내후년에도
꽃 피어 만발할 테니
거기 그 자리 꽃 피면
언젠가 당신 거기 서서
꽃처럼 웃을 날 보겠지요.
꽃같이 웃을 날 있겠지요.

봄이 되어 학교 안의 꽃들이 앞 다투어 피기 시작하는 때가 되면, 꽃을 함께 보며 수많은 이야기를 나누었던 많은 제자들이 어김없이 떠오르리라.

시안(西安)의 대당부용원(大唐芙蓉園) 공원 내의 최호 〈제도성남장〉 시비

20   유우석(劉禹錫)

1. 난징의 검은색 옷을 입은 사람들의 골목

오의항
입구의 왕도와 사안의 기념관.

그 해 겨울 중국 여행에 올라 상하이 부두에 도착한 우리 가족은 먼저 난징(南京)을 둘러보기로 했다. 상하이에 도착하여 곧장 난징으로 가는 기차를 탔다. 난징에 도착해서는 중국 여행을 할 때, 늘 그랬던 것처럼 우리는 대학교 기숙사를 숙소로 잡기로 했다. 난징대학 구내의 호텔을 찾았다. 호텔이라기보다는 대학 구내의 초대소라는 말이 더 정확하다. 난위엔(南苑)이라 불리는 호텔은 건축된 지 오래된 매우 고풍스러운 건물이었다. 남향으로 지어진 이 호텔은 한겨울의 따사로운 햇빛이 방안 가득 들어와 실내가 매우 훈훈하였다.

그러나 해가 진 후 상황은 돌변하였다. 해가 지자 오래된 건물은 바깥의 차가운 공기를 전혀 막아내지 못하

옛날 친화이 거리 입구.
이 거리에 이향군이 살던 집이 있다. 리신신(李欣欣) 촬영

였다. 방안에는 물론 실내 온풍기가 있어 밤새 틀었지만 아무 소용이 없었다. 허술하게 지어진데다가 낡은 건물은 보온이 전혀 되질 않았다. 프론트에 두꺼운 이불을 더 달라고 해서 몇 겹으로 이불을 덥고 잠을 청해 보았지만, 이불 안도 마찬가지로 도무지 훈훈해지질 않았다. 오히려 우리가 덮은 이불이 우리의 체온을 빼앗아가 자기들이 따뜻해지려는 것처럼 느껴질 정도였다. 그날 바깥 최저 기온이 5도에 불과했지만, 방안에서 몸으로 느낀 온도는 말로 형용할 수 없을 정도로 추웠다. 말로만 듣던 강남의 겨울을 온몸으로 느껴야 했던 밤이었다.

아니나 다를까 추운 방에서 제대로 잠을 이루지 못한 온 가족은 모두 병이 나고 말았다. 하지만 여기까지 와서 그냥 돌아갈 수는 없는 일. 병이 나서 제대로 아침도 먹지도 못한 두 녀석을 등에 업다시피 하여 친화이허(秦淮河)로 향하였다.

난징은 천연 요새로 불리는데, 장강이 도시의 3면을 에워싸고 흘러가기 때문이다. 이러한 지형적 이점과 중국 대륙의 중앙에 위치하고 있다는 지리적 이점 때문에, 손권이 이곳에 삼국시대에 오의 도읍지를 정한 것을 포함하여 총 455년 동안 10개 왕조의 도읍지였다. 친화이허는 장강의 지류로 난징의 동서를 가로 질러 흐르는 강이다. 전설에 의하면, 이 강은 원래 없던 강이었는데, 진시황제가 난징에 왔다가 이곳에서 황제가 나타날 기운을 느꼈다고 한다. 그래서 이곳의 황제 기운을 끊어버리기 위해 인공적으로 땅을 파서

169

장강의 물을 끌어들여 강이 새로 생기게 되었다는 것이다.

　　바로 이 친화이허 가에 오의항(烏衣巷)이 있다. 왜 검은 색 옷을 입은 사람들의 골목이라는 이름이 붙었을까? 동진(東晋) 시대에 권세가 하늘을 찔렀던 재상 왕도(王導)와 사안(謝安) 두 집안이 이곳에 거주하였는데, 그들 자녀들이 검은색 옷(烏衣)을 입기를 좋아하여 이렇게 불렸던 것이다. 유우석(劉禹錫)의 <오의항(烏衣巷)>이라는 시를 본다.

주작교 가엔 온갖 들 풀 꽃을 피우고	朱雀橋邊野草花
오의항 어귀에는 석양이 비껴 있네	烏衣巷口夕陽斜
그 옛날 호족이었던 왕씨와 사씨 집 앞을 날던 제비	舊時王謝堂前燕
지금은 일반 백성 집에 예사로 날아드네	飛入尋常百姓家

　　주작교(朱雀橋)는 오의항 가까이에 있는 다리로 육조시대 때 건설되었다. 그 화려했던 주작교 주위에는 옛날의 화려한 빛은 온 데 간 데 없고, 황량하게 들풀만이 무성하게 자라있고, 한 시대를 풍미했던 권문세가들의 권위 또한 간 곳을 알 수 없다. 권력의 쇠락을 무심히 날아드는 제비를 통해 묘사하고 있는데, 감개가 무궁하고 표현이 완곡하다고 할 수 있다.

　　이 시를 지은 유우석(劉禹錫)은 자가 몽득(夢得)으로 흉노족(匈奴族)의 후예로 알려져 있고 뤄양(洛陽) 출신이다. 소년 시절 쑤저우(蘇州)에 살며, 교연(皎然)과 영철(靈澈) 등 스님을 쫓아 시를 배웠다. 정원(貞元) 9년(793) 진사에 급제한 후 회남절도사(淮南節度使) 두우(杜佑)의 막료가 되었고 얼마 후 중앙의 감찰어사(監察御史)로 영전되어 왕숙문(王叔文), 유종원(柳宗元) 등과 함께 정치 개혁을 시도하였으나, 정원 21년(805) 왕숙문이 실각된 후 낭주(朗州 : 지금의 후난(湖南)성 창덕(常德))의 사마(司馬)로 좌천되었다.

이 때 유우석은 굴원(屈原)의 자취가 남아 있는 완수(浣水)와 상수(湘水) 일대를 거닐며 굴원의 창작 정신을 계승하여 민가를 모방한 작품을 창작하기도 하였다. 10년 후인 원화(元和) 10년(815) 다시 장안으로 복귀하였으나, 당시 지은 시가 비판의 대상이 되어 또 다시 지방으로 좌천되었으며 그 후 중앙과 지방의 관직을 역임하다 검교예부상서(檢校禮部尙書)를 끝으로 생애를 마쳤다. 그는 유종원과 친밀한 관계를 유지하여 사람들은 그들을 '유유(劉柳)'라고 불렸으며, 만년에는 백거이(白居易)와 교유하며 창화하여 '유백(劉白)'이라 칭해지기도 했다. 그의 시는 현재 800여 수가 전해지고 있다.

이곳 오의항에서 멀지 않은 곳에 이향군(李香君: 1627~1653)이란 여인이 살던 집이 있는데, 이곳은 그냥 지나치기에 서운한 곳이다. 이향군은 명말(明末) 시대의 명기(名妓)로 이곳 친화이허 지역의 8명의 절세의 기생(秦淮八絶) 중 한 사람이다. 8명의 절세의 기생이란 명말 격렬한 정치 투쟁과 한족과 만주족 간의 민족 투쟁의 와중에서 지조를 가지고 행동하였던 이향군, 진원원(陳圓圓), 동소완(董小婉) 등 8명의 기생을 가리킨다.

이향군이 살던 집은 주위의 식당, 난징의 특산물인 위화스(雨花石 : 마노석의 일종으로 무늬가 있는 돌), 옌수이야(鹽水鵝 : 소금물로 삶은 오리 고기) 등을 파는 상점들 숲에 둘러싸여 있어 눈에 잘 띄지 않을 정도이다. 문을 통해 들어가면 2층으로 된 목조건물로 각 층에 네댓 개의 방이 있다. 방안으로 들어가려는데, 문 앞에 미향루(媚香樓)라 쓰인 커다란 편액이 걸려 있다. 미향루라…. 이 명칭은 <좌전(左傳)>에서 따온 것이다. <좌전>에 보면, "蘭有國香, 人服媚之如是.(난꽃 중에 국향이 있는데, 사람들이 그 향기를 맡으면 좋아하지 않을 수 없다.)"라는 글에서 따온 것이다.

이향군이 살던 집. 상가 안에 위치하고 있어 입구가 눈에 잘 띄지 않는다.
저우샤오추이(周曉翠) 촬영

이향군 생가의 정원. 멀리 이향군의 석상이 보인다.
리신신(李欣欣) 촬영

이향군이 살던 집 내부의 침실.
이곳에서 그녀는 후방역과 1년여 함께 살았다.
리신신(李欣欣) 촬영

미향루 편액. 미향이라는 단어는 좌전에서 따온 것이다.
저우샤오추이(周曉翠) 촬영

이향군의 석상. 이향군이 살던 집 정원에 서있다.
저우샤오추이(周曉翠) 촬영

명대 중후기는 그야말로 총체적으로 정치 부패가 심화되던 시기로 명조의 멸망을 재촉하던 때였다. 희종(熹宗)대의 환관 위충현(魏忠賢)의 권력 농단이 그 대표적인 예이다. 그는 환관이 되기 전에 이미 결혼을 하여 딸 하나를 둔 자였다. 그는 도박 등으로 가산을 탕진한 후 환관이 된 후, 야심을 점차 드러내기 시작하였다. 사당(私黨)을 결성하여 자기에게 반기를 드는 사람들은 가차 없이 제거해 나갔고, 충신들을 박해하고 죽음으로 내몰았다. 희종을 이어 사종(思宗 : 崇禎帝)이 즉위하여 위충현을 죽이고 그의 사당을 제거했지만, 그의 사당의 조직이 너무도 방대하여 법망을 피해 살아남은 자가 많았는데, 그 중에 완대성(阮大成)이란 자가 있었다. 완대성은 위충현에게 빌붙어 많은 돈을 모은 자였다. 당시 지식인들 중에 '복사(復社)'라는 문학사단을 조직하여 시사를 논하고 정치의 폐해를 바로 잡고, 아직 정리되지 않은 위충현의 일당을 제거할 것을 주장하는 사람들이 있었는데, 후방역(侯方域)이 그 사단의 지도적 인물이었다. 완대성은 화가 자신에게까지 미칠까 두려워 미리 손을 쓰고자 하였다. 그러던 차에 이향군이 소롱(梳攏 : 기녀가 처음으로 손님을 받는 것)의 상대로 후방역을 선택했는데, 후방역이 돈이 없어 곤란을 겪고 있다는 사실을 완대성이 알게 되고, 대신 돈을 대서 혼수품 등을 사주게 된다. 그 이튿날, 혼수품을 산 돈이 완대성에게서 나온 것임을 알게 된 이향군은 완대성을 호되게 꾸짖고 혼수품을 되돌려 준다. 이 일로 수모를 당한 완대성은 후방역을 모함하여 다른 지역으로 쫓겨 가게 만들고 이

이향군의 소개글. 한글로 소개한 표지판이 이채롭다.
리신신(李欣欣) 촬영

어 이향군을 강요하여 다른 사람과 결혼하도록 한다. 이에 이향군은 그 강요에 결사적으로 반대하다 그만 머리를 경대에 부딪쳐 피를 분수처럼 흘리게되고, 그 피가 종이부채를 적시게 된다. 우여곡절을 겪은 후 이향군과 후방역은 다시 재회를 하고, 이 부채를 신표로 하여 다시금 사랑을 이루게 되었다는 이야기다. 이 이야기는 청대에 이르러 대 희곡가인 공상임(孔尙任)에 의해 <도화선(桃花扇)>이라는 작품으로 창작되어 유명해지게 되었다.

이향군이 살던 집을 나오면, 근처에 청대 황제들이 먹던 간식만을 전문적으로 파는 음식점이 있는데, 그 중 하나가 만청루(晩晴樓)라는 멋진 이름을가진 곳이 있다. 만청이란 비가 내리다가 그친 산뜻하고 고즈넉한 저녁 무렵을 이른다. 조그만 종지 그릇에 한 입 들어갈 정도로 조금씩 요리를 내오는데, 요리가 수도 없이 나온다. 난징에 가면 한번 들를만한 색다른 음식점이다.

청대 황제들의 간식을 먹을 수 있는 음식점 만청루 전경.

2. 모란꽃을 찬미하다

지금은 중국 내륙의 그다지 크지 않은 도시로 전락해버렸지만, 중국의 13개 왕조의 도읍지로 찬란한 문화가 숨 쉬던 도시 뤄양(洛陽). 해마다 봄이 오면 이곳에서는 어김없이 모란꽃 축제가 열린다. 대략 4월 1일부터 5월 10일까지 모란꽃 축제가 열리는데, 중국 각지의 많은 사람들이 모란꽃을 보기 위해 이곳으로 모여든다. 뤄양에 모란이 많이 심어진 것은 당대(唐代)부터 인데, 이곳의 토양이 꽃을 재배하기 적합한 토양이었기 때문이다.

청대 사람이 그린 측천무후

모란꽃은 아는 바와 같이 중국의 국화(國花)이다. 모란의 명성은 이미 역사적으로도 오래되어 이미 당대부터 국화로서 사랑을 받아왔다. 중국 사람들은 모란을 부귀와 길조, 번영의 상징으로 여겨왔다. 먼저 모란을 노래한 <모란을 찬미함(賞牡丹)>이란 시를 보도록 하자.

정원 앞의 작약, 요염하기는 해도 품격이 없고　　庭前芍藥妖無格
연못 속의 연꽃, 단아하기는 해도 운치가 없네　　池上芙蕖淨少情
모란꽃만이 국색으로　　唯有牡丹真國色
꽃 필 때 온 장안을 들썩이네　　花開時節動京城

꽃에 대한 취향은 사람마다 각기 다르다. 동진의 도연명(陶淵明)은 유독 국화를 사랑했고, 북송의 주돈이(周敦頤)는 연꽃은 진흙 속에서 피지만 진흙에 물들지 않고, 맑은 물에 씻겼지만 요염하지도 않다고 하며 연꽃을 가장 사랑하였다.

175

당대 이후로 많은 사람들은 수많은 꽃 중에서 모란을 '꽃 중의 꽃'이라 일컬으며 제일로 쳤다. 유우석 또한 작약꽃이나 연꽃도 아름다운 꽃이기는 해도 조금은 부족한 점이 없지 않고, 모란꽃만은 부족함이 없이 완벽하다고 읊고 있다.

청대 말기의 유명 화가이자 서예가였던 오창석(吳昌碩 : 1844~1927)이 그린 모란

모란꽃에는 다음과 같은 전설이 전해져 내려오고 있다. 측천무후(則天武后)가 어느 봄날 궁궐의 정원을 거닐고 있을 때, 모든 꽃들이 흐드러지게 피었는데 모란꽃만이 더디어 아직 꽃을 피우고 있지 않았다. 당시 권세가 하늘을 찌르던 측천무후는 자신을 위해 모든 꽃들이 피었건만 모란꽃만은 자신에게 호의적이지 않아 꽃을 피우지 않은 것이라 생각하고, 화가 단단히 나서 얼토당토아니한 명령을 내렸다. 명령인 즉은 모란꽃이 보기 싫으니 장안에 있는 모든 모란꽃들을 낙양으로 옮겨가라는 것이었다. 이 이야기는 사실 여부와 관계없이 측천무후의 오만방자한 태도와 모란의 절개 높은 기상을 대비할 때면 늘 인용되고 있는 이야기다.

여기서 중국 역사상 유일한 여자 황제였던 측천무후가 궁궐로 들어온 과정을 살펴보자. 측천무후, 곧 무측천은 지금의 리저우(利州 : 지금의 쓰촨성 광위엔(廣元))에서 태어났다.

청대 화가 운빙(惲冰 : 생졸년 미상 그린 박당추염도(薄塘秋艶圖), 만개한 연꽃이 바람이 흔들리는 순간 포착하였다.

그녀의 아버지 무사확(武士彠)은 수나라에서 재상을 지냈던 인물이며, 그녀의 어머니는 수나라 때 재상을 지낸 양달(楊達)의 딸로 무사확에게 재취로 시집을 왔다. 무사확의 원부인이 세상을 뜬 후, 고조(高祖) 이연(李淵)의 주선으로 40세 가까운 나이에 무사확에게 시집을 온 것이었다. 시집을 온 후 어머니 양씨는 딸 셋을 두었는데, 무측천은 둘째 딸이었다. 높은 관리가 된 아버지의 덕으로 비교적 행복한 가정생활을 영위하던 그녀에게 불행이 닥친 것은 아버지가 고조 이연이 세상을 뜬 후 너무 상심해하다 이연을 따라 세상을 뜬 후였다. 그녀에게는 두 명의 이복 오빠가 있었지만, 그들은 네 모녀를 돌보기는커녕 냉대하고 매정하게 대할 뿐이었다. 무측천이 황제가 된 후 사람들에게 지나칠 정도로 박정하고도 잔인하게 대하였던 것은 그 때 자신이 받았던 수모와 깊은 관계가 있다 하겠다.

오빠들에게 갖은 수모를 당하며 지내던 그녀에게 집을 떠나 새로운 세계로 나갈 수 있는 기회가 왔다. 태종(太宗) 이세민(李世民)이 황후 장손씨(長孫氏)를 여읜 후, 궁녀를 또 선발하고자 하였다. 무씨 집안에 둘째 딸이 총명하고도 예쁘다는 소문을 들었던 태종은 특별히 조서를 내려 그녀를 입궁토록 하였다. 14세에 궁녀로 뽑혀 입궁한 그녀는 장장 12년이란 세월을 기다렸으나 황제의 총애를 받을 기회는 오지 않았고, 황제 또한 그렇게 세상을 떴다. 이후 그녀는 당시 규정에 따라, 황제의 자녀를 낳은 적이 없는 다른 여러 궁녀들과 함께 삭발을 하고 비구니가 되어 감업사(感業寺)라는 사찰로 보내졌다. 감업사로 들어간 그녀는 결코 실망하거나 좌절하지 않았다. 그녀는 언젠가는 그곳을 떠나 더 높은 곳으로 올라갈 수 있으리라는 희망을 가지고 묵묵히 기다렸다. 누구를 기다린 것일까? 그것은 다름 아닌 태종을 이어 황제가 된 고종(高宗) 이치(李治)였다. 태종이 병중에 있을 때, 당시 22살의 태자였던 이치는 병문안을 왔다가 자기보다 4살 위인 무측천의 미모와 다정다감한 성격에 첫눈에 반하여 잠을 이룰 수 없었고, 이후로 두 사람은 남의 눈을 피해 왕래를 하였던 터였다.

건릉 입구에는 석사자가 버티어 서있다.
선한후이(沈寒暉) 촬영

고종과 측천무후가 합장된 건릉.
23년이란 긴 기간에 걸쳐 해발 1047미터의 양산(梁山) 위에 만들어졌다. 한상후이(韓向輝) 촬영

육십일번신상(六十一蕃臣像).
건릉 입구의 동쪽과 서쪽에 늘어서 있는 석상으로 동쪽에 29개, 서쪽에 32개가 서있다. 무측천통치 시대 전후의 당나라 주변 국가들의 사신이다. 선한후이(沈寒暉) 촬영

감업사로 들어간 무측천을 만날 기회가 없던 고종은 4년 만에 부친의 제사를 핑계 삼아 감업사로 가서 무측천을 만났는데 오랜 기다림 끝에 만난두 사람은 눈물로 상대방을 바라볼 뿐이었다. 감업사에서 나오도록 할 명분이 없었던 고종은 그녀를 감업사에 놓아둔 채 다시 궁궐로 돌아올 수밖에 없었다. 이후 두 사람에 관한 소문이 궁궐에 자자했지만, 황후 왕씨는 이에대해 일체 황제에게 거론조차 않았다. 황후는 도리어 무측천을 이용하여 자신과 소숙비(蕭淑妃)와의 경쟁에서 유리한 입지를 다지고자, 황제에게 무측천의 환궁을 건의하였다. 이에 황제는 오매불망 그리던 무측천을 다시 지근거리에 둘 수 있게 되었다. 궁궐에 들어온 그녀는 처음에는 황후의 마음을 얻기 위해 행동을 매우 조신하게 하였으나, 황제의 사랑을 받기 시작하면서 그

녀는 일개 궁녀로 만족할 수 없었다. 그녀의 최종 목표는 왕황후를 대신하여
자신이 황후가 되는 것이었다. 이로부터 상상할 수 없는 그녀의 무도한 권력
게임이 시작되었다.

측천무후의 출생지 쓰촨 광위
엔에 있는 황택사(皇澤寺).
이곳에 그녀의 사당이 있다.
리쟈(李佳) 촬영

황택사 경내의 이성전(二聖殿)
에 있는 무측천과 고종의 상.
리쟈(李佳) 촬영

3. 유비 사당에서

이어서 유우석이 기주자사(夔州刺史)로 있을 때 청두의 유비(劉備)의 사당
을 찾아 지은 <유비 사당에서(蜀先主廟)>시를 본다.

쓰촨성(四川省) 청두(成都)에 있는 유비사당

당대(唐代) 화가 염립본(閻立本)이 그린 유비상

천하 영웅호걸의 기개는
　　　　天地英雄氣
천 년이 지났어도 여전히 위엄이 있네
　　　　千秋尚凜然
삼국 가운데 한 나라를 차지하여
　　　　勢分三足鼎
한나라의 왕업을 회복하였도다
　　　　業復五銖錢
승상 제갈량의 도움으로 촉나라를 세웠으나
　　　　得相能開國
아들은 아쉽게도 아버지처럼 어질지 못했네
　　　　生兒不象賢
촉나라 기생은 처량하게
　　　　凄涼蜀故妓
위나라 궁전에서 춤을 추네
　　　　來舞魏宮前

전반부 4구는 유비의 영웅적 기개를, 후반부 4구
는 유비가 제갈량의 도움으로 촉나라를 세웠으나 아
들을 제대로 가르치지 못해 황제의 업을 잇지 못한
것을 한탄하고 있다. 위에서 삼족정(三足鼎)은 위, 오,

축 3국의 정립을 말하는 것이다. 오수전(五銖錢)은 한나라 때 주조한 동전인데, 여기에서는 한(漢)나라를 일컫는 것이다.

제갈량(諸葛亮 : 181~234)은 자가 공명(孔明)으로 낭야(浪耶) 양도(陽都 : 지금의 산둥성(山東省) 이쉐이(沂水) 사람이다. 호족 출신이었으나 어릴 때 아버지를 여의고 숙부를 따라 형주(荊州 : 지금의 후베이성(湖北省))으로 피난 갔다가 후에 융중(隆中) 땅에 은거하였다. 207년 당시 유비는 위나라의 조조(曹操)에게 쫓겨 형주에 와있었는데, 제갈량을 추천 받고 그를 등용시키기 위해 장비(張飛), 관우(關羽)와 함께 그의 초가집에 세 번이나 찾아가서야 그의 마음을 돌릴 수 있었다. 이때 제갈량은 27세, 유비는 47세였다.

명 선종(宣宗) 황제 주첨기(朱瞻基)의 무후고와도(武侯高臥圖), 유비의 삼고초려로 출사하기 전 자연에 묻혀 한가로운 생활을 영위하던 제갈량을 묘사한 그림이다. 대나무 그늘 아래 가슴을 풀어 헤치고 책을 베개 삼아 유유자적하는 제갈량의 풍모를 엿볼 수 있다.

이듬해 유비는 제갈량의 계책을 따라, 오의 손권(孫權)과 연합하여 남하하는 조조의 대군을 적벽(赤壁)에서 대파하고, 형주, 익주를 취하여 유비가 건국의 발판으로 삼도록 했다. 제갈량은 그 후로도 수많은 전공을 세우고, 221년 한나라가 멸망하면서 유비가 황제에 오르자 승상이 되었다.

유비가 세상을 떠난 후, 제갈량은 어린 후주(後主) 유선(劉禪)을 보필하여 재차 오나라와 연합, 위나라와 항쟁하고 촉나라의 경영에 힘썼으나, 234년 군사를 이끌고 위나라와 결전을 벌이던 중 오장원(五丈原)의 군중에서 병사하였다.

후주 유선은 무능하고 용렬하기 짝이 없는 인물로, 제갈량을 뒤이어 장완 (蔣琬), 비위(費褘)가 보좌하고 있는 동안은 나라가 평안했으나, 그들이 죽은 뒤로는 환관들만을 맹신하고 허구한 날을 술과 여자로 밤을 지새워 국정의 부패를 초래하여 급기야는 촉나라의 멸망을 코 앞에 두게 되었다.

갈량의 초가집터.
저헝(鐘哲恒) 촬영

제갈량이 은거했던 후베이(湖北)성 샹판(襄樊)시 서쪽의 고융중의 패방. 중저헝(鐘哲恒) 촬영

삼고당. 청대 강희 59년에 삼고초려를 기념하여 지은 기념당. 중저헝(鐘哲恒) 촬영

그는 촉을 세우기 위해 피땀 흘린 선조들을 생각하여 위나라에 대항하다 깨끗하게 죽어야 한다는 충언보다는 위나라에 항복하면 땅을 떼어 자신을 영 주 대접을 해줄 것이라는 꿀에 발린 말에 더 솔깃했다. 얼마 안 있어 위나라 의 침략으로 청두가 함락됨으로써 3국 정립의 시대는 종말을 고하게 되었다.

위나라는 유선을 뤄양(洛陽)으로 불러 안락공에 봉했는데 그는 이것을 대 단히 만족해했다. 뤄양에 온 지 1년여쯤 지나 유선은 위나라의 권신인 사마 소(司馬召)를 자신의 집으로 초대해 연회를 베풀고, 옛 촉나라의 가기(歌妓)들 을 동원하여 춤과 노래를 부르도록 했다. 옆의 유선의 신하들은 모두 비애감 에 젖었으나 유선만은 그것에 아랑곳하지 않고 희희낙락하며 즐길 뿐이었다.

사마소가 유선에게 촉나라가 그립지 않은가 묻자, "유선은 낙양 생활이 즐거워 촉나라가 그리운 줄은 모르겠다.(樂不思蜀)"라고 대답하여, 유선의 부하들뿐 아니라 사마소 등 위나라 대신들까지 아연실색하게 만들었다. 사마소는 "저것도 인간인가? 제갈량이 살아있었더라도 촉나라의 운명은 어쩔 수 없었겠구나." 라는 말을 남기고 연회장을 떠났다.

그 후 중국에서는 유선의 아명인 '阿斗'가 무능한 사람을 가리키는 대명사가 되었다.

유비, 관우, 장비가 융중의 제갈량의 초려를 세 번 방문한
고사를 묘사한 명대 대진(戴進 : 1389~1462) 의 그림

21 백거이

1. 하늘 아래의 천당 – 항저우

이제는 너무도 흔한 말이 되어버렸지만, "하늘에는 천당이 있고, 땅에는 쑤저우와 항저우가 있다(上有天堂, 下有蘇杭)"라는 말이 있다. 13세기 항저우에 왔던 이탈리아의 여행가 마르코폴로 또한 수십 년에 걸친 전쟁으로 항저우가 심하게 파괴되었음에도 불구하고, 항저우를 세계에서 가장 아름다운 도시라고 칭송한 바 있다.

〈석별백공〉 조각상 설명 표지판

항저우에 가면 어김없이 느끼는 것이지만, 우리나라 사람들은 중국의 어느 도시보다도 항저우를 좋아하고 있음을 느낀다. 항저우에 가면 여행사 깃발을 앞세운 우리나라의 단체 관광객들을 무수히 만날 수 있다. 항저우에 도착하면 나는 늘 곧장 붉은 연꽃 피어오르는 서호(西湖)

의 백제(白堤)로 달려간다.

백제는 백거이(白居易)가 항저우에서 자사로 벼슬할 때 심혈을 기울여 관리했던 제방이다. 백거이는 우리에게 백낙천으로 더 잘 알려진 당나라 시인이다. 그가 항저우에서 벼슬을 한 때는 당나라 장경(長慶) 2년인 822년부터이다. 권력 투쟁의 소용돌이에서 벗어나고자 자진해서 항저우 자사(杭州刺史)를 원했던 것이다. 항저우에서 3년 동안 벼슬을 한 후 쑤저우 자사(蘇州刺史)로 옮겼다가 다시 조정으로 부름 받아 비서감(秘書監)에 임명되었고, 58세가 되던 829년 뤄양(洛陽)으로 가서 시와 술과 거문고를 세 친구(三友)로 삼아 '취음(醉吟)선생'이란 호를 쓰며 유유자적하는 나날을 보냈다. 831년 원진(元稹) 등 옛 친구들이 세상을 떠나자, 인생의 황혼을 의식하고 뤄양 교외의 향산사(香山寺)라는 절을 보수 복원하고 '향산거사'라는 호를 쓰며 불교에 심취하기도 했다. 그는 846년 8월 세상을 떠나 뤄양의 용문산(龍門山)에 묻혔다.

백거이는 과감하게 당시 정치의 암흑상을 폭로하고 백성들의 고난에 깊은 동정을 표하는 시를 주로 썼는데, 백제에 관한 다음 이야기도 그의 백성을 사랑하는 마음의 깊이를 헤아릴 수 있다.

석별백공(惜別白公). 어느 해인가 항저우에서 유학 중인 김국중을 서호가에서 만나, 다른 곳으로 부임하는 백거이를 아쉬워하는 백성들을 묘사한 동상 앞에서 포즈를 잡았다.

　어느 해인가 항저우에 큰 가뭄이 들어 논바닥은 쩍쩍 갈라지고, 벼는 다 타들어갔다. 이렇게 되자, 농민들은 관청에 몰려가 서호의 수문을 열어 물을 댈 수 있게 해달라고 간청하였다. 당시 항저우 관리들은 '누가 서호의 물을 대달라고 하는가? 그렇게 되면 서호의 물고기들이 살 수 있겠는가?'라고 억지를 부리며 백성들의 위급함은 안중에도 없었다. 이에 백성들은 '서호의 물고기들이 소중한가? 아니면 백성들의 목숨이 중한가?' 라고 물었다. 그러자 관리들은 이번에는 '서호의 물을 논에 대면 서호의 연꽃들이 살 수 있겠는가?' 라며 계속 궤변을 늘어놓았다. 이에 백성들은 '연꽃이 중한가 아니면 벼가 중한가?' 라고 다시 물었다. 이 때 어디에선가 홀연 '맞소, 맞는 말씀이외다.' 라는 커다란 목소리가 들려왔다. 관리들은 눈살을 찌푸리며 '당신 무슨 말을 하는 거야? 백성들을 선동하겠다는 거요? 그런데 당신은 누구요?' 라고 물었다. 그 사람은 그제야 '나는 새로 항저우 자사로 임명받은 백거이외다.' 라고 말하였다. 관리들은 혼비백산하여 백거이의 발아래 모두 무릎을 꿇었다. 백거이가 즉시 서호의 수문을 열어 백성들의 논에 물을 대도록한 것은 물론이다. 이후에도 백거이는 수리사업에 관심을 갖고 서호의 제방을 다시 축조하고 보수하였는데, 그 제방이 지금 우리가 항저우에 가면 볼 수 있는 백제인 것이다.

　백거이는 시는 현실을 반영하고 백성들의 고통을 사실적으로 묘사해야한다고 하면서 '사회시'에서 커다란 업적을 남겼지만, 다음 시도 훌륭하다. 다음 <석양이 비치는 강(暮江吟)>시는 가을에 석양이 내리비치는 강을 묘사하고 있다.

한 줄기 석양의 빛 물 위에 퍼지니　　　一道殘陽鋪水中
강의 반쪽은 푸르고 반쪽은 붉도다　　　半江瑟瑟半江紅

아름다운 구월 초사흘 밤에
이슬은 진주 같고 달은 활 같도다

可憐九月初三夜
露似眞珠月似弓

위 시에서 잔양(殘陽)은 막 지려고 하는 해를 이른다. 그리고 슬슬(瑟瑟)은 푸른색의 보석인데 여기서는 강물의 색이 푸름을 말한다. 가련(可憐)은 사랑스럽고 아름답다는 의미이다.

이 시는 석양이 지고 이어 달이 떠올라, 석양과 달이 교차하는 시점의 풍경을 묘사하고 있는데, 자연스럽고도 교묘하다는 느낌이다. 색채감이 뛰어나서 시각적인 이미지가 쉽게 다가온다.

올해 초 두 딸과 함께 다시 항저우의 서호를 찾을 기회가 있었다. 항저우의 소제(蘇堤)를 찾은 그날따라 비가 부슬 부슬 내렸다. 호숫가에 서자마자 중국문학을 전공하는 큰 딸 예지의 입에서 서호를 읊은 시가 읊조려졌다. 그 시는 다름 아닌 송대의 소동파(蘇東坡)가 지은 시였다. 소동파는 물고기도 넋을 빼고 바라보던(沈

항저우 서호의 백제(白堤)

비 내리는 날 항저우의 서호를 다시 찾은 두 딸

187

魚) 아름다운 미인 서시를 들어 항저우의 서호를 비유하여 서호의 명성을 더욱 드높인 장본인이다. 그가 서호에 대해 읊은 시는 서호를 노래한 수많은 문인들의 작품 가운데에서도 최고의 절창으로 손꼽히고 있다. 예지가 중국에서 공부하던 중학교 때 배웠다는 소동파의 시는 비가 갠 후 서호 가에서 술을 마시는 정취를 읊은 시이다.

호숫물 반짝거려 맑은 날 좋더니	水光瀲灩晴方好
산 어둑어둑 비 내려도 기이하네	山色空蒙雨亦奇
서호를 서시에 비유하니	欲把西湖比西子
옅은 화장 짙은 화장 모두 제격이네	淡粧濃抹總相宜

소동파의 위 시는 서호가 어떠한 날씨이든 나름대로의 운치를 지니고 있음을 서시의 자태를 빌어 이야기하고 있다. 어릴 적부터 아빠의 손에 이끌려 중국 방방곡곡을 편력했던 두 딸은 중국문화에 서서히 젖어들어 중국이 친숙해져서일까? 이미 고교와 대학에서 각각 중국어와 중국문학을 전공하는 어엿한 아가씨들로 성장하였다.

소동파 또한 항저우에서 태수로 벼슬을 했던 인물인데, 그 또한 서호의 관리에 힘을 썼다. 지금도 그가 쌓은 제방인 '소제'가 남아 있다. 그는 뛰어난 미식가

청대 화가 섭연란(葉衍蘭 : 1823~1899)이 그린 소식

이기도 하였는데, 백성들을 동원하여 서호의 제방을 쌓은 후 백성들의 노고를 치하할 생각으로 음식을 대접하고자 했다. 그래서 아랫 사람에게 술과 돼지고기와 여러 가지 양념 등을 가져오도록 했다. 그런데 아랫사람이 말을 잘못 알아듣고 그만 돼지고기에 술과 간장, 식초 등 양념을 넣고 삶아서 내왔다. 잘못 알아듣고 요리해서 내온 음식을 맛본 소동파는 그 요리의 맛에 탄복하지 않을 수가 없었다. 이 요리가 바로 동파육(東波肉)이라는 요리다. 이 요리는 우리나라의 장조림과 비슷한 맛인데, 돼지의 비계가 두꺼울수록 맛이 더하다. 입 안에서 사르르 녹는 비계의 맛은 가히 일품이라 할 수 있다. 언젠가 학생들을 인솔해 항저우를 탐방할 기회가 있

항저우의 특산 요리인 동파육(東波肉)

었다. 여행을 떠나기 전 학생들에게 항저우에 가면 이 요리를 먹게 될 것이라고 소개를 하였더니, 여학생들은 하나같이 모두 '돼지비계를 어떻게 먹어요?' 하면서 미간을 찌푸렸다. 그러나 항저우에 도착해서 이 요리를 먹을 때는 모두 한 그릇 씩 더 시켜서 비계 덩어리를 잘도 먹는 것이었다.

2. 눈 내리는 날이면 생각나는 시

눈이 내리는 날이면 생각나는 시가 있다. 바로 백거이가 술을 노래한 <유십구에게 묻다(問劉十九)>라는 시다.

푸른 개미 뜨듯 새 술 익고	綠蟻新醅酒
붉은 질화로에 모닥불 피어 오르네	紅泥小火爐
저녁 되니 하늘은 눈 내리려 꾸물대는데	晚來天欲雪
그대 나와 함께 한 잔 할 수 있는가?	能飲一杯無

청대 사람이 그린 백거이

뤄양(洛陽)의 향산(香山)에 있는 백거이묘.
묘비석에는 당소부백공묘(唐少傅白公墓)라 쓰여 있다.

이 시는 당대 원화(元和) 12년(817년) 백거이가 강주사마(江州司馬)로 재임할 때, 눈이 내리려 꾸무럭대는 추운 겨울 저녁, 술을 함께 하고 싶어 친구(劉十九는 유씨 성의 항렬이 19번째 사람이라는 의미다)를 초청한 것을 적은 것으로 시어가 우미하고 색채감이 현란하여 독자로 하여금 포근한 감정이 절로 솟게 한다.

어릴 적 술 담그는 것을 본 적이 있다. 명절이 다가오면 어머니께서는 손수 술을 담그셨는데, 먼저 시루에 고두밥을 쪘다. 고두밥을 우리 학생들에게 물으니 고두밥이라는 단어를 모르는 학생들이 대부분이었다. 옛날에는 고두밥을 지어 술을 담그든지 떡을 만들었는데, 이제는 떡을 만들 때 떡집에 맡겨 버리면 그만이니, 고두밥을 본 적이 없는 것은 당연할 것이다. 찐 고두밥을 깨끗한 헝겊 위에 펴 식힌 다음, 이것을 누룩과 고루 섞어 항아리에 담고 그 위에 맑고 깨끗한 물을 붓는다. 그리고 그 위에 솔잎을 고루 펴 올려놓으면 끝이다. 이 항아리를 따뜻한 아랫 목에 옮겨놓고 이불을 덮어 준다. 이렇게 몇 일 놓아두 면, 술의 표면 위로 옅은 녹색의 기포가 생기기 시작한 다. 시인은 이 모양을 개미를 닮았다고 묘사하였는데, 이것이 바로 위 시에서 말하는 녹의(綠蟻)다. 술이 다 익 었다고 여겨지면, 어머니는 우선 항아리 윗 부분의 맑 은 술을 정성스레 술병에 담아 서늘한 곳에 보관을 하 셨다. 이것은 아무에게나 주지 않는 술로, 우리 고향에 서는 고주배기라 불렀는데 맏사위에게만 줄 정도로 귀 하게 여겼다. 윗 부분의 맑은 술을 다 떠내면 어머니는 '용수'를 술 항아리에 넣어 용수 안으로 들어온 나머지 술을 뜨셨다. 용수도 학생들은 처음 듣는 단어라고 했 다. 용수는 술을 거를 때 사용하는 기구로 싸리나 대 따위로 둥글게 긴 통과 같이 엮어 만든 것이다. 이렇게 하면 술을 빚는 것이 끝난 것일까? 아니다. 아직 항아 리에는 건더기가 많이 남아있다. 여기에 물을 더 부어 마구 휘저은 다음에 한번 더 술을 거른다. 이것이 바로 막걸리다. 이것이 끝나면 당시 간식 거리가 없던 어린 아이들에게 인기가 있었던 지게미만 남는다. 지게미에 설탕을 넣고 따뜻하게 데운 후에 한 사발씩 먹던 그 추

청대 화가 호석규(胡錫珪 : 1839~1883)가 그
〈문유십구〉 시 시의도

명대 사람이 그린 현종의 초상화

억이 아련하게 떠오른다. 술 지게미를 먹고 술에 취해 한 동안 잠을 자야했던 추억까지도.

시인은 친구를 위해 새로이 술을 담그고 그 익은 술을 퍼서 준비해놓고, 발갛게 타오르는 붉은 질화로도 준비를 하였다. 여기에 날씨마저 꾸물꾸물하고 눈이 내리려 하는데 친구와 마주 앉아 술 한잔 하고자하는 생각이 절로 간절해졌을 것이다. 이런 날씨에 마음 맞는 친구와 마주 앉으면 어찌 한잔 뿐이겠는가? 중국에도 말이 있듯이, 진정 마음이 통하는 사람과 술을 마시면 천 잔의 술도 부족하지 않을까? **(酒逢知己千杯少)**

원화(元和) 10년(815), 재상 무원형(武元衡)이 피살당하여 장안의 민심이 흉흉해지자, 백거이는 상소하여 범인을 빨리 색출할 것을 간하였다. 그러나 간관도 아니면서 간언을 올린 것에 대한 권문세가들의 비난을 뒤집어쓰고, 강주사마(江州司馬)로 좌천되었다. 위 시는 바로 그 당시에 쓴 시이다.

3. 양귀비의 사랑과 죽음

역사상 수많은 사랑이야기 가운데, 절세미녀 양귀비(楊貴妃)와 절대 권력을 휘둘렀던 현종(玄宗)의 사랑 이야기만큼 사람들의 입에 오르내리는 것이 있을까? 백거이가 양귀비와 현종의 사랑을 노래한 시의 일부분을 보기로 한다.

당 현종이 재위한 기간 중 전반기인 개원(開元) 연간에는 당 태종 이세민(李世民)에 버금갈만한 치적을 세워 '명황(明皇)'으로 까지 칭해졌으나 후반기로 갈수록 그의 명성은 퇴색하여 당의 멸망을 재촉하는 단초를 제공한 황제가 되었다. 당의 쇠퇴를 전적으로 현종이 양귀비에게 빠져 정사를 그르친 것으로 책임을 돌릴 수는 없을지라도, 현종의 양귀비에 대한 미혹이 정치를 함에 있어 판단과 통찰력에 영향을 미쳤을 것이다.

당대(唐代) 화가 이소도(李昭道)가 그린 〈明皇幸蜀圖〉. 안록산의 난을 피해 현종이 촉 땅으로 피난 가는 것을 묘사한 그림이다. 산수화이자 역사화라는 의의를 지닌 작품이다.

〈명황행촉도〉에서 현종 부분을 확대한 것이다. 아래 붉은 옷을 입은 이가 현종이다.

현종에게는 여러 가지 수식이 따라 다니는데, 그것들을 먼저 살펴보도록 하자. 현종은 당대(唐代) 여러 황제 가운데 재위 기간이 가장 긴 황제였다. 그는 712년 황제의 자리에 올라 45년 동안 황제로 군림하였다. 현종은 또한 가장 장수한 황제였다. 당시로서는 드물게 그는 78세까지 장수하였다. 현종은 자녀를 가장 많이 둔 황제로 기록된다. 그에게는 30명의 아들과 29명의 딸 등 모두 59명의 자녀가 있었다. 그리고 현종은 자신의 생일인 8월 5일을 경축일로 삼아 전국적으로 3일을 쉬도록 하였는데, 이 또한 전례가 없는 일이었다.

당 현종의 통치가 더할 나위 없이 공고해질 즈음, 자신이 그토록 사랑하던 비인 무혜비(武惠妃)가 세상을 떴다. 황제는 슬픔을 이기지 못하고 오랫동안 애통해하였다. 이 때 주위에서 현종에게 여러 여인을 추천하였지만 눈에 들어오는 여인이 없었다. 얼마 후 한 여인이 현종의 눈에 들어왔다. 그녀는 뜻밖에도 자신의 아들 수왕(壽王)의 비인 양옥환(楊玉環)이었다. 양옥환의 미모에 홀린 현종은 이것 저것 잴 여유가 없었다. 혜비가 죽은 지 1년도 되지 않아 현종은 자신의 며느리를 비로 삼아, 혜비가 받았던 예우로 똑같이 양귀비를 예우하는 동시에 자신의 아들에게는 다시 다른 여인을 비로 간택해 주었다. 이 때 현종은 이미 50대였으며 양귀비는 17살이었다.

양귀비의 미모는 백거이가 그의 시 <장한가(長恨歌)>에서 묘사한 것처럼 현종을 홀리고도 남을 정도로 출중하였다.

눈동자를 돌려 살며시 미소 지으면 끝없는 애교 발산하여　回眸一笑百媚生,
수많은 후궁들의 빼어난 아름다움 빛을 잃게 되었네　六宮粉黛無顔色.
후궁에는 삼천 명의 미인 있으나　後宮佳麗三千人
삼천 명에게 갈 사랑을 홀로 독차지 하였네　三千寵愛在一身

현종은 양귀비와의 사랑에 밤이 짧은 것은 안타까워하며, 조정에 나가 정치를 하는 것까지 게을리 하기 시작하였다. 이즈음 잠재해 있던 여러 문제점들과 혼란이 한꺼번에 폭발하였다. 그 중 대표적인 것이 안록산(安祿山)의 난이다. 755년 안록산이 반란을 일으켜 낙양을 공격하여 점령하고는 이듬해 당시 수도였던 장안마저 점령하자, 현종은 양귀비를 데리고 신하들과 촉(蜀) 땅으로 피난 가지 않으면 안 되었다. 이 때문에 현종은 반란군을 피해 도주한 첫 번째 황제라는 불명예 또한 뒤집어쓰고 있는 것이다. 현종이 도주한 이튿날 행차가 마외(馬嵬)라는 지역에 다다랐을 때, 황태자 이형(李亨)은 여러 대신들의 건의를 받아들이는 형식으로 간신 양국충(楊國忠)을 처결하고, 아울러 현종에게 양귀비 또한 사형에 처하도록 압박하였다. 이미 권위가 땅에 떨어질 대로 떨어져 명목상 황제로 남아있던 현종은 피눈물을 흘리고 애통해하면서 양귀비를 하얀 비단으로 목졸라 황천길로 가도록 하는 수밖에 없었다. 이 때 그녀의 나이 38 살이었다.

황제는 차마 못 보고 얼굴 가리며 양귀비를 구하지 못하는데　　君王掩面救不得
뒤돌아보는 황제의 눈에는 피눈물이 흘러내리네　　　　　　　回看血淚相和流

현종은 양귀비를 마외(馬嵬)에 매장한 후 촉 땅으로 서둘러 피난 갔다. 양귀비의 묘는 원래 흙으로 덮여있던 토총이었으나, 이 흙에서 향기가 나고 피부에 좋다는 소문이 나 많은 사람들이 몰래 흙을 파가는 바람에 거의 폐허가 되다시피 하였다. 이에 다시 봉분을 벽돌로 쌓아 오늘에 이르게 되었다.
　마외의 양귀비묘를 찾은 그날은 최고 기온 38도인 무척 무더운 날이었다. 시안의 서부터미널에 도착하여 표를 샀다. 곧 출발할 거라는 안내원의 말과는 달리 1시간을 기다려도 우리가 탈 버스는 배차가 되지 않았다. 우리는 주

마외에 있는 양귀비묘의 입구

태진각(太眞閣)에서 내려다 본 경내.
고즈넉한 경내를 모처럼 우리 두 부녀는 여유를 만
끽하며 온통 우리들의 것으로 차지할 수 있었다.

차장 가운데에서 땡볕에 그을리며, 주차장의 수많은 버스들이 내뿜는 배기가
스를 온통 들이마시며 기다리는 수밖에 없었다. 1시간을 넘게 기다린 후에야
버스 한 대가 우리가 서있는 곳으로 왔다. 다른 곳으로 가는 버스들은 모두
최신 버스들인데, 우리가 탈 싱핑(興平)행 버스는 족히 20년은 되어 보이는
노후 차량이었다. 차에 올라 타니 에어컨은 틀었지만 역시나 뜨거운 바람만
토해내고 있었다. 출발한 후 창문을 열면 더욱 시원할 텐데 라며 사방을 살
펴보아도 열 창문도 없다. 찜통 속에서 1시간 30분을 달려 내릴 때 옆을 보
니, 큰 딸은 이미 기진맥진해 있는 표정이지만 덥고 힘들다는 소리는 하지
않는다. 이러한 날씨에 이렇게 멀리까지 나온 마당에 힘들다고 투덜대야 아
무런 소용이 없다는 것을 이미 오래 전에 체득한 터였을 것이다. 버스에서
내려 다시 택시를 타고 10분을 간 후에야 양귀비의 묘에 도착할 수 있었다.
양귀비와 사진을 찍기 위해 아우성을 치며 경쟁을 해야 했던 화청지의 양귀
비를 생각하고 있던 나는 나의 눈을 의심했다. 관광객이라고는 우리 두 부녀

양귀비묘. 무덤의 흙을 얼굴에 바르면 예뻐진다는 전설 때문에 무덤이 자주
훼손되자, 아예 봉분을 벽돌로 감쌌다.

양귀비 묘 뒤편에 서있는 양귀비의 석상.
회청지 경내의 요염한 모습과는 달리 이곳의 석상은 정숙한 모습을 하고 있다.

밖에 없었다. 사람들은 한 인간의 화려했던 시절만을 생각하고 싶어 하고, 쓸쓸한 최후에 대해서는 떠올리고 싶지 않아서일까? 고즈넉한 경내를 모처럼 우리 두 부녀는 여유를 만끽하며 온통 우리들의 것으로 차지할 수 있었다. 중국 관광지에서는 가히 상상할 수 없는 색다른 즐거움을 맛보는 순간이었다.

경내의 관음전(觀音殿)에는 양귀비가 죽은 후 관음보살로 다시 태어났다고 하면서 그의 상을 모셔두고 있었다. 이는 양귀비가 마외에서 죽임을 당하지 않고 일본으로 도망쳤다는 양귀비동도설(楊貴妃東渡說) 만큼이나 흥미로운 이야기다.

시안의 종루. 시안의 중요한 표지 중 하나로 시안 중심가의 동, 서 , 남, 북 대로의 교차점에 자리 잡고 있다.

198

4. 기생 관반반의 절개

중국 장쑤(江蘇)성 쉬저우(徐州) 중심가에 운룡공원(雲龍公園)이 있고, 공원 내의 호수에 봄이 되면 개나리가 만발하는 지춘도(知春島)라는 섬이 있다. 그 섬에는 처마가 제비꼬리처럼 생겼다고 해서, 그리고 봄만 되면 수많은 제비가 이 누각에 와서 집을 짓는다고 해서 연자루(燕子樓)라 이름 붙여진 누각이 있다. 이 누각과 관련된 이야기를 하려고 한다.

연자루는 당대(唐代) 정원(貞元) 연간 쉬저우에서 절도사로 재임하고 있었던 장음(張愔)이라는 자가 자신이 사랑하던 기생인 관반반(關盼盼)을 위해 지어준 누각이다. 당시 백거이는 교서랑(校書郎) 직에 있을 때였는데, 매우 한가한 자리였기에 자주 여러 지방을 여행을 하였다. 쉬저우

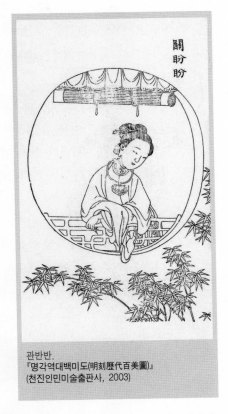

관반반.
『명각역대백미도(明刻歷代百美圖)』
(천진인민미술출판사, 2003)

에 재직하고 있던 장음의 초청을 받은 백거이는 연자루에서 그의 후한 대접을 받는다. 관반반은 장음의 요청으로 당대 유명 인사인 백거이를 위해 주연석 상에서 열정적인 가무로 흥을 돋구었는데, 그의 아리따운 자태에 넋이 나간 백거이는 그녀를 위해 시를 짓기도 하였다. 관반반은 이에 자신이 직접 개발한 요리로 백거이를 대접하였다.

그녀와 연회석상에서 만난 지 10 여년이 지난 어느 날, 백거이는 장중소

(張仲素)라는 친구로부터 관반반에 관한 소식을 접하게 된다. 장음이 병으로 세상을 뜬 후 관반반은 그를 그리워하며 연자루를 떠나지 못한 채, 10여년을 절개를 지키며 여전히 그곳에서 살고 있다는 뜻밖의 소식이었다. 그 소식을 듣고 백거이는 <연자루(燕子樓)>라는 시를 지었다.

금년 봄 낙양에서 온 나그네   今春有客洛陽廻
장상서의 무덤을 찾아 갔었다네   曾到尙書墓上來
장상서 무덤의 백양목이 기둥으로 쓸 만큼 자랐다는데   見說白楊堪作柱
관반반의 아리따운 얼굴 어찌 시들지 않았으리오   爭教紅粉不成灰

시에서 장상서는 장음을 가리키는데, 장음은 죽은 후 뤄양(洛陽)에 묻혔다. 장음의 부하이기도 했던 장중소가 장음의 묘소에 다녀와서는 그 곳의 소식을 백거이에 전한 것이었다. 이에 백거이는 10여년 전 만났던 관반반을 떠올리며 인생무상을 이야기하고 있는 것이다.

쉬저우의 운룡공원 입구. 운룡공원 내에 관반반의 유적이 있다. 뤼옌(呂炎) 촬영

관반반이 주연석상에서 백거이를 위해 만든 요리는 '요린위린지(油淋魚鱗鷄)'라는 이름의 요리로 오로지 백거이만을 위해 새로운 요리를 창안하여 올렸던 것이다. 요리가 상에 오르자, 백거이는 관반반에게 무슨 생선으로 만든 요리인데, 이리도 보기에도 좋고 향긋하단 말인가? 하고 물었다. 사실 이 요리는 생선으로 만든 요리가 아니었다. 닭고기를 삶

200

아 뼈를 발라낸 후 표면에 칼집을 내어 한 쌍의 물고기 모양으로 꾸민 다음, 갖은 양념을 넣어 만든 소스를 고기 위에 뿌린 것이었다. 이 요리는 현재 쉬저우의 유명한 요리가 되어 지금도 맛볼 수 있다.

쉬저우 운룡공원 내의 연자루.
뤼옌(呂炎) 촬영

쉬저우 운룡공원 내에 있는 관반반의 상.
뤼옌(呂炎) 촬영

22 원진(元稹)

저 세상 아내에게 바치는 노래

그리움을 노래한 수많은 중국시 가운데 걸작으로 손꼽히는 시는 다음 시일 것이다. 그리움을 노래한 시 가운데 먼저 세상을 뜬 아내를 떠올리며 그리워하는 시보다 더 애절하고 가슴 쥐어뜯게 만드는 것이 또 있을까? 이 시는 시인 원진(元稹)이 생전에 가난에 찌들어 고통스럽게 살다 세상을 뜬 아내를 회상하는 동시에, 이제는 고생 끝에 살만한데 아내가 곁에 있지 않은 회한을 적고 있다. 이 시를 읽으면 가난한 부부의 지고지순한 사랑을 느낄 수 있다.

결혼 상대의 조건 가운데 배우자의 사람됨이나 성격보다는, 상대방의 경제력만을 최우선으로 고려하는 현 세태에 시사하는 바가 많은 작품이라 하겠다. 그의 <아내를 추모함(遣悲懷)>시를 보자.

당신은 사씨 집 가장 어리고 사랑 받던 딸이었는데   謝公最小偏憐女

검루에게 시집온 이후로 모든 일이 여의치 못했네	自嫁黔婁百事乖
당신은 내가 옷이 없는 것을 알고 옷상자를 더듬고	顧我無衣搜藎篋
술 사오라 하면 돈이 없어 금비녀를 뽑았네	泥他沽酒拔金釵
들풀로 한 끼니 때우고 쇤 콩잎마저도 달게 먹으며	野蔬充膳甘長藿
낙엽을 땔감으로 보태고자 홰나무를 올려 보았네	落葉添薪仰古槐
지금 나의 봉급이 십만 전을 넘으니	今日俸錢過十萬
이 세상에 없는 당신에게 제사 지내네	與君營奠復營齋

위에서 사공(謝公)은 동진 시기 장군이었던 사혁(謝奕)으로, 원진은 자신의 아내를 사혁의 딸인 사도온(謝道韞)에 비유한 것이다. 사도온은 우리가 잘 아는 명필가 왕희지(王羲之)의 둘째 아들 왕응지(王凝之)의 아내로, 남편이 정치적인 문제로 반란군에게 피살되자 개가하지 않고 수절하며 학문에 힘쓴 여인이다. 검루(黔婁)는 높은 절조를 지켜 벼슬을 구하지 않고 가난하게 생을 마감했던 춘추시대 제(齊)나라 선비였는데, 여기에서 가난했던 자신을 검루에 비유하고 있다. 이어 신협(藎篋)은 풀을 엮어 만든 옷상자를 말하고, 니(泥)는 요구한다는 의미이며, 고(沽)는 산다는 뜻이다. 금차(金釵)는 아내가 머리에 꽂고 있던 금비녀를 말하고, 충선(充膳)은 배를 채운다는 뜻이며, 장곽(長藿)은 이미 쇠어버린 질기디 질긴 콩잎을 말한다. 영전(營奠)과 영재(營齋)는 세상을 뜬 아내에게 제사를 지내는 것이다.

위 시는 자신보다 먼저 세상을 떠난 아내 위총(韋叢)을 추념하여 쓴 시이다. 위씨는 두릉(杜陵 : 지금의 산시(陝西)성 시안 동남쪽) 사람으로 태자소보(太子少保)였던 위하경(韋夏卿)의 막내딸이었는데, 원진보다 4살 어렸다. 20세 때 원진과 결혼하여 결혼한 지 7년 만인 원화(元和) 4년(809), 27세의 꽃다운 나이에 세상을 떴다.

　　아내가 자신에게 시집온 후 모든 일이 여의치 않았다. 그러나 아내는 불평 한 마디 싫은 내색 한번 하지 않았다. 중간의 4연에서는 일상생활 속에서의 아내의 행동거지를 구체적으로 예를 들어 설명하고 있는데, 작자가 바꿔 입을 옷도 없어 옷을 빨지도 못하게 되었을 때, 그래도 걸칠만한 옷이 있을까 싶어 아내는 옷상자를 온통 뒤지고, 남편이 술을 마시고 싶어 하나 술 살 돈이 없자, 아내는 머리에 꽂고 있던 비녀를 기꺼이 빼내 남편의 손에 쥐어주며 술을 사 마시도록 하였던 것이다. 또한 집에 먹을 만한 것이 전혀 없자 들풀을 뜯어 허기를 달래면서도 이것을 달게 먹었으며, 땔감이 없어 나무의 낙엽을 모아 땔감으로 쓰면서도 얼굴색 한번 바꾼 적이 없었음을 상기하며 애도하고 있다.

원진의 귀양지였던 쓰촨성 다저우(達州)에 건립된 원진기념관. 이 계단을 올라서면 바로 원진의 기념관이 보인다. 원카이쥔(溫開軍) 촬영

원진기념관 전경. 원카이쥔(溫開軍) 촬영

원진기념관 내의 원진 동상. 뒤에는 그의 대표적인 장편서 연창궁사(連昌宮詞)가 전시되어 원카이쥔(溫開軍) 촬영

위 시의 작자 원진(779~831)은 자가 미지(微之)로 허난(河南)성 뤄양(洛陽) 사람이다. 어려서 집안이 가난하였으나 각고의 노력으로 공부하여 정원(貞元) 9년(793), 15세의 나이로 명경과(明經科)에 급제하고 24세 때에는 비서성(秘書省) 교서랑(校書郞)이 되었다. 원화(元和) 원년(806) 좌습유(左拾遺)에 임명되었으나 직간을 잘하여 환관과 수구적인 관료의 노여움을 사 하남위(河南尉)로 좌천되었다가, 원화 4년(809) 다시 감찰어사(監察御史)에 임명되어 현재의 쓰촨 지방으로 부임하였다. 이 때 청두(成都)에서 자신보다 11살 연상인 여류 시인인 설도(薛濤)를 만나 1년여 동안 문학과 인생을 논했던 일화는 유명하다. 이후 다시 강릉사조참군(江陵士曹參軍)으로 폄적되었다가, 후에 통주사마(通州司馬)로 옮겼다. 통주는 현재의 쓰촨성 다저우(達州)인데, 이곳에 가면 원진기념관을 볼 수 있다. 이후 동주자사(同州刺史), 절동관찰사(浙東觀察使), 무창군절도사(武昌軍節度使)를 역임하다 대화(大和) 5년(831) 무창에서 세상을 떴다.

음시루(吟詩樓)와 여러 문인들과 문학을 논하는 설도.
원진은 아내가 세상을 뜬 후 여류 시인 설도와도 친분을 유지하며 주로 청두의 이곳 음시루에서 만나 시와 인생을 논하였다. 한 사람의 작품에는 작자의 사람됨이 반영된다(文如其人)고 했지만, 설도와의 염문 때문에 원진은 후에 자신의 작품과 실제 행동이 다른 인물로 호된 비판을 받기도 한다.

23 가도(賈島)

구름이 깊어 있는 곳을 알지 못하네

청대 사람이 그린 가도. 그는 어려서 출가하였다가 환속하여 여러 차례 과거에 응시하였으나 만년이 되어서야 과거에 급제 촉(현재의 쓰촨) 지방에서 벼슬을 하였다

가도(779~843)는 자가 낭선(浪仙)으로 자칭 갈석산인(碣石山人)이라 했다. 판양(范陽 : 현재의 허베이성(河北省) 저우커우뎬(周口店) 출신으로 여러 차례 과거에 응시하였으나 실패하고, 스님이 되었는데 법명은 무본(無本)이다. 원화(元和) 6년(811)에 낙양(洛陽)에서 한유(韓愈)와 교유하면서 환속하였고, 다시 벼슬아치가 되고자 진사 시험에 응시하였으나 급제하지 못하다가, 59세가 되어서야 창장(長江)현: 현재의 쓰촨성 펑시(蓬溪))의 주부(主簿)가 되었다. 이에 가장강이라 불리는 것이다. 이어 푸저우(普州 : 현재의 쓰촨성 안웨(安岳)현의 사창참군(司倉參軍)이 되었다가 회창(會昌) 3년(843) 사호참군(司戶參軍)으로 나아가길 원했으나 임명 받기 전에 병으로 죽었다.

206

북송(北宋)의 시인 소식(蘇軾)은 가도의 시와 그와 동시대 시인이었던 맹교(孟郊)의 시를 '교한도수(郊寒島瘦 : 맹교의 시는 춥고, 가도의 시는 야위었다.)'라고 평한 바 있는데, 이는 가도의 시가 제재의 폭이 매우 좁고 감정의 깊이가 결핍되어 있음을 지적한 말이다. 그러나 가도는 시를 짓는데 있어서 1자 1구도 소홀히 하지 않고 적절한 시어를 고르기 위해 피를 말리는 듯한 자세로 공교함을 추구하였다. 그의 일화 중 우리가 익히 알고 있는 '퇴고(推敲)'라는 고사는 적절한 시어를 찾기 위해 고심했던 그의 창작 태도를 잘 보여준다.

퇴고란 문장을 다듬고 어휘가 적절한가를 살피는 일을 말하는데, 『당시기사(唐詩紀事)』라는 책을 보면, 어느 날 가도(賈島)가 나귀를 타고 가다 시상이 떠올랐다. "새는 연못 가 나무에 깃들고, 스님은 달 아래 문을 미네.(鳥宿池邊樹, 僧推月下門)"라는 시구였는데, 달 아래 문을 민다(推)라고 하는 것이 좋을까, 아니면 달 아래 문을 두드린다(敲)고 하는 것이 나을까 하고 골똘히 생각하다 그만 당시 경조윤(京兆尹)이던 한유(韓愈)의 행차가 오는 것도 모른 채 행차를 침범하고 말았다. 한유 앞으로 끌려나온 가도가 사실대로 이야기하자, 한유는 노여운 기색도 없이 한참 생각하더니, "역시 민다는 퇴(推)보다는 두드린다는 고(敲)가 좋겠군" 하며 가도와 행차를 나란히 하였고, 이후

가도묘.
가도가 세상을 뜰 때까지 벼슬을 했던 쓰촨성 안웨현 안취엔산(安泉山) 기슭에 소재하고 있는 그의 묘

207

두 사람은 자주 만나 시를 논하는 사이가 되었다는 고사에서 생겨난 말이다.
　　가도의 시 가운데 대표적인 시인 <은자를 찾아 나섰으나 만나지 못하고
(尋隱者不遇)>라는 시를 보도록 한다.

　　　소나무 아래 동자에게 물으니　　　　　　　松下問童子
　　　스승은 약초 캐러 가셨다고 하네　　　　　　言師釆藥去
　　　다만 이 산 속에 계시건만　　　　　　　　　只在此山中
　　　구름이 깊어 있는 곳 알 수 없다 하네　　　　雲深不知處

　　시의 첫 구절에서 보는 바와 같이, 시인은 은자를 찾아 나섰다가 은자를
만나지 못하고 그 곳 소나무 아래에서 동자를 만나 은자에 대해 여러 가지
질문을 한다. 시 속에는 시인의 질문 내용은 생략되어 있고, 다만 동자의 대
답만 서술되어 있지만 우리는 어렵지 않게 시인의 질문 내용을 미루어 짐작
할 수 있다. 시인의 질문 내용과 동자의 대답은 다음과 같았을 것이다.

　　　시인: 스승은 어디 가셨는가?
　　　동자 : 약초 캐러 가셨습니다.
　　　시인 : 어디로 약초 캐러 가셨지?
　　　동자 : 산속으로 가셨는데요.
　　　시인 : 산 속 어디인지 구체적으로 가르쳐 줄 수 있겠나?
　　　동자 : 구름이 깊어 계신 곳을 정확히 알 수 없는데요.

　　문답식으로 된 위의 시는 자연스럽고도 평이하여, 시인과 동자의 대화가
눈에 선하게 그려진다.
　　가도는 한 평생을 가난과 여의치 못한 환경에서 살다 세상을 떴다. 그래

서 혹 어떤 사람들은 시를 쓰는 시인들은 가난하고 여의치 못한 삶을 살 수밖에 없다고 주장하기도 한다. 그러나 그보다는 시인들의 여의치 못한 삶이 그들을 더욱 채찍질하여 그들로 하여금 훌륭한 시를 짓도록 유도한 것은 아닐까?

가공사.
가도가 젊었을 때 베이징 팡산(房山)의 무상사(無相寺)에서 승려로 있었던 인연으로 이곳에 가도의 사당이 있다.

24 이하(李賀)

1. 대나무의 향기와 가루

중국 강남의 산에 가면 우리의 대나무와는 사뭇 다른 굵디굵은 대나무가 지천으로 널려 있음을 보게 된다. 대나무를 사랑했던 시인 이하의 작품을 본다.

수많은 당대(唐代) 시인들 가운데 자신의 재능을 펼치지 못하고 요절한 대표적인 시인은 이하라 할 수 있다. 그의 요절은 시 창작에 과도하게 정력을 쏟고 마음을 쓴 것과 관련이 있을는지도 모른다.

이하는 자신의 천재적인 재능이 주위 사람들의 시기와 질투로 인해 그의 일생 내내 우여곡절을 겪어야 했고, 자신의 뜻을 펼쳐보지 못하고 생을 마감해야 했다. 이하는 자가 장길(長吉)로 창곡(昌谷 : 지금의 허난(河南)성 이양(宜陽)현) 사람이다. 그는 몰락한 귀족 가문 출신으로 7세 때 이미 시문에 능하여 입만 열면 아름다운 시 구절이 술술 나온다는 소문이 장안에 자자한 터였다. 당시의 저명한 문학가인 한유(韓愈)와 황보식(皇甫湜) 또한 그의 작품을 처음 보았을 때, 7살 짜리 꼬마가 지었다는 것 자체를 믿을 수 없어, "만약 옛 사람이라면 우리가 알지 못할 수도 있지만, 지금 사람이라면 어찌 모를 리가 있겠는가?" 라고 하며, 이하의 집을 직접 찾아 이하를 시험해 보기로 하였다. 이하는 머리를 양 갈래로 딴 채 연꽃잎으로 만든 옷을 입고 나와서, 기쁜 표정을 지으며 한유와 황보식의 청을 받아 이내 붓을 들어 시를 지었다. 그가 지은 시는 기세가 활달하고 시어가 매우 아름다워 7살 짜리 꼬마가 지은 시라고는 도저히 믿겨지지 않았다. 한유와 황보식 두 사람은 이하의 재능에 매우 놀랐고, 이어 친히 머리를 묶어주고 대학에 들어가서 공부를 계속할 수 있게 주선하였다. 그런데 예나 지금이나 명성이 너무 높으면 자연 주위 사람들의 시기와 질투를 받게 되는 법인가 보다. 2년간 대학에서 학문을 닦은 후 진사(進士)시험에 응시하려고 하자, 이하는 시험관으로부터 시험에 참가할 수 없다는 청천벽력과 같은 통보를 받게 된다. 이하 아버지의 이름이 진숙(晉肅)이었는데, 아버지 이름 중의 '晉'자와 진사시험의 '進'자가 동음이의어이기에 진사시에 응시할 수 없다는 해괴망측한 논리였다. 이유인 즉은 다름 아닌 휘(諱)라는 것이었는데 존귀한 사람이나 조상의 이름에 있는 글자를 신하나 자손들이 사용할 수 없도록 한 당시의 관습 때문이었다. 그렇지 않으면, '휘'를 범하게 된다는 것이었다. 한유는 <휘변(諱辨)>이라는 문장을 지어 이하를 옹호하

이하의 고향인 허난성 이양현에 세워진 정자와 비석. 상이런(尙柏仁) 촬영

기도 했지만, 결국 이하는 진사시에 응시할 수 없었다.

이하는 이 때문에 평생 봉례랑(奉禮郎)이라는 미관말직에 머물러야 했고, 이러한 울분을 시 창작으로 곳곳에 토해내었다. 그의 시에는 '귀신(鬼)', '울음(泣)', '죽음(死)', '피(血)'와 같은 암울한 시어들이 자주 나오는데, 이것은 자신의 인생 역정과 밀접한 관련이 있는 것이었다.

이하는 외모가 호리호리했고 두 눈썹은 붙었고, 손가락은 가늘고 길었으며 글씨를 매우 빨리 썼다. 그는 날마다 깡마른 나귀를 타고 집을 나섰는데, 늘 뒤에는 상고머리를 한 어린 계집종이 비단으로 만든 자루를 등에 지고 뒤따랐다. 이하는 길을 가는 도중 우연히 좋은 시구가 떠오르면 곧장 종이에 써서 종에게 건네주었고, 종은 그것을 받아 자루 속에 넣었다. 저녁 때 집에 돌아와 계집종에게 자루 속의 종이를 쏟아놓게 하였는데, 시구를 적은 종이가 많이 쏟아져 나오면 어머니는 마음 아파하며 이하에게 "너는 심장까지 토해내고서야 이 일을 그만둘 것이다."라고 말하곤 했다. 저녁밥을 먹은 후 이하는 먹을 갈고 종이를 여러 겹 펼쳐 놓은 다음 계집종의 손에 있는 시구들을 모아 한 편의 시를 완성했다. 그는 술에 만취하거나 상갓집에 가지 않는 한 날마다 이와 같은 일을 반복했다.

이하는 짧은 27년의 생애 동안 풍부한 상상력과 기발한 구상을 통해 낭만적 색채가 농후한 시가를 창작하였으나, 짧은 생애로 인한 경험 부족과 단조로운 생활로 인해 시가의 내용이 풍부하지 못했고, 지나치게 갈고 다듬어 시가 난해하다는 평가를 받고 있다.

그러면 그가 대나무를 노래한 <창곡 북원의 새로 나온 대나무순(昌谷北園新笋) >시를 본다.

푸른 대나무 껍질을 벗겨 시를 적는데	斫取青光寫楚辭
대나무 향기 진동하는 하얀 가루 위에 검은색 글자	膩香春粉黑離離
글은 무정한 듯하나 끝없는 한을 누가 알아줄까	無情有恨何人見
안개에 싸인 무수한 대나무 가지만 이슬을 떨구네	露壓煙啼千萬枝

위 시는 이하가 벼슬을 그만두고 고향으로 돌아와 지은 시다. 위에서 창곡(昌谷)은 작자 자신의 고향으로 대나무가 무성한 곳이다. 이하는 대나무를 매우 좋아하여 대나무를 읊은 시가 많이 있고, 이 시에서처럼 시를 대나무에 직접 쓰기까지 했다. 청광(青光)은 대나무의 푸른 겉껍질을, 초사(楚辭)는 원래 굴원의 작품인데, 여기에서는 자신의 작품을 이르는 것이다. 시인은 자신의 처지를 굴원의 처지와 비슷하다고 여겼던 것이다. 춘분(春粉)은 여린 대나무 껍질의 흰 가루를, 이향(膩香)은 대마무의 짙은 향기를 말한다. 이어 마지막 두 구절에서 시인은 자신의 심정을 토로하고 있다. 즉 자신의 한을 알아줄 사람 없는데, 대나무만이 시인의 마음을 아는 듯 이슬이 눈물처럼 모든 이파리에 맺혀 있다는 것이다.

2. 소소소를 추모하다.

중국 항저우는 서호가 있기 때문에 항저우라고 말할 수 있을 정도로 항저우에서 서호가 차지하는 비중은 어마어마하다. 어느 계절에 가든지 항저우는 세계 각지와 중국 각지에서 온 여행객들로 늘 붐빈다. 그들은 항저우에 와서 서호를 빼놓는 법이 없다. 나는 항저우에 가면 늘 절강대학 위취엔(玉泉) 캠퍼스의 기숙사에 묵는다. 가족과 처음 항저우에 갔을 때, 묵었던 곳이었기에 이곳에 가면 마음이 편안해 그렇기도 하지만, 이 대학이 우리 대학과 자매대학이라서 이곳에 나와 공부하고 있는 사랑하는 제자들을 만날 수 있다는 기대감 때문에라도 이곳을 즐겨 찾는다. 항저우에 갈 때마다 늘 서호를 보러 나가곤 했는데, 언제나 다른 모습으로 다가오는 서호의 모습은 절대 질리는 법이 없다. 소식이 서호를 항저우 미인인 서시에 비유하여, 짙게 화장을 하건 옅게 화장을 하건 언제나 아름답다고 한 그 말이 정말 실감난다.

절강대학에서 서호까지는 걸어갈 수

명대 화가가 그린 소소소

있을 정도로 가깝다. 서호에 가면 서호를 내려다볼 수 있는 야트막한 산인 고산(孤山)이 있는데, 그 고산 입구에 자그마한 정자와 정자 안에 봉분을 시멘트로 발라놓은 묘가 하나 있다. 그 묘는 소소소(蘇小小)라는 여인의 묘다.

　소소소. 그녀는 남조(南朝) 제나라(479~502) 때 항저우의 유명한 가기(歌妓)였다. 용모가 출중한데다가 문학적 재능 또한 뛰어난 여인이었다. 그녀가 지은 "저는 유벽거를 타고, 그대는 푸른 말을 탔도다. 어디에서 마음을 맺어야 하나? 서릉의 송백 아래로다.(妾乘油壁車, 郎跨靑驄馬, 何處結同心, 西陵松柏下)"라는 시는 고래로 인구에 회자될 정도로 유명한 시이다. 유벽거는 그녀가 즐겨 타고 다녔던 수레로 수레의 외관과 휘장을 화려하게 치장한 수레이다. 그녀는 죽은 후에 지금의 서령교(西泠橋) 가에 묻혔는데 후대의 사람들은 그녀의 재주를 앙모하여 소소소묘를 세웠고, 청대 건륭 황제 때에는 묘 위에 정자를 세웠다. 그 후 여러 차례 정자가 훼손되었는데, 1988년 이곳에 다시 6각형의 정자를 세우고 그녀의 재주를 사모한다는 의미에서 '모재정(慕才亭)'이라 이름을 붙였다. 현재 볼 수 있는 정자는 2004년 항저우시가 각계의 의견 수렴과 고증을 통해 원래의 자리에 원래의 모습으로 묘와 정자를 세운 것인데, 정자의 높이는 5.5미터, 묘의 직경은 2.6미터, 묘의 높이는 0.8미터이다.

　소소소의 집안은 동진(東晉) 때의 관료 집안이었는데 동진이 멸망한 후 가세가 기울며 항저우로 흘러들게 되었다. 소소의 선조는 마침 지니고 있던 금은보화를 밑천으로 항저우에서 장사를 하기 시작하였고 소소의 아버지 대에 이르러서는 이미 상당한 부호가 되어 있었다. 그녀의 부친은 외동딸인 그녀를 금지옥엽으로 키웠고, 작고 깜찍하게 생긴 딸에게 소소라는 이름을 지어주었다. 소소의 집안은 장사꾼의 집안이었지만, 학문을 사랑하는 집안 내력으로 인해, 그녀는 시서에 능하였고 얼마 안 가 그녀의 명성이 온 장안에 자

자하게 되었다. 그러나 소소가 15세 때 부모가 연이어 세상을 뜨게 되자, 기
탁할 곳이 없어진 그녀는 집안의 재산을 정리한 후 유모를 데리고 서령교
가에 자리를 잡고 가기가 되었다. 소소의 사정이 온 성 내에 전해지자, 항저
우의 관료들과 명사들이 소소의 주위에 몰려들기 시작하였다. 하지만 그녀는
명문 집안의 자제였던 완욱(阮郁)을 만나 첫눈에 반해, 오직 그만을 열렬히
사랑하였다. 그렇지만 이 사랑은 6개월을 가지 못했다. 난징(南京)에 있던 완
욱의 아버지가 아들이 기생과 사랑에 빠졌다는 이야기를 전해 듣고는 사람
을 보내 아들을 즉각 난징으로 돌아오도록 하였다. 그리고 집에 돌아온 아들
이 집안에서 한 걸음도 밖으로 나가지 못하도록 감시하였다. 완욱이 자신의
곁을 떠난 후, 소소는 항저우에서 이제나 저제나 하며 그가 돌아오기를 학수
고대하였지만, 1년이 넘도록 사랑하는 이의 소식은 알 길이 없었다. 절망의
나락에 떨어진 소소소는 급기야 병이 나서 몸져 눕게 되었다. 이 때 우연히
포인(鮑仁)이라는 가난한 한 서생을 알게 되었다. 포인을 보고 그녀는 옛날

서호가 서령교 곁의 모재정과 소소소의 무덤.
궈쓰다(郭思達) 촬영

6각정과 소소소의 무덤. 무덤 봉분은 시멘트를 바르고
노란색 칠을 하였다.
궈쓰다(郭思達) 촬영

전당소소소지묘(錢塘蘇小小之墓)라고
쓰여진 비석.
궈쓰다(郭思達) 촬영

사랑했던 완욱을 떠올린 것이었다. 그녀는 완욱에 대한 기대와 관심을 포인에게 쏟았다. 그녀는 자신이 가지고 있던 패물을 모두 팔아 그로 하여금 서울로 올라가 학문에 매진하고, 과거를 보도록 격려하였다. 포인을 격려해 떠나 보낸 소소는 이듬 해 봄 병으로 세상을 뜬다. 그녀의 나이 겨우 19세 때였다. 포인은 과거에 급제하여 임지로 부임하는 도중 소소소가 세상을 떴다는 소식을 접하고는, 항저우로 달려와 소소소의 관을 어루만지며 대성통곡을 하였다. 후에 그는 소소소의 덕을 기려 그녀의 묘 앞에 '전당소소소지묘(錢唐蘇小小之墓)'라는 비석을 세웠다.

고래로 소소소에 관한 시문, 소설, 희곡은 매우 많은데, 이하(李賀)의 제소소소묘(題蘇小小墓)라는 사(詞)가 대표적이라 할 수 있다.

그윽한 난초 위의 이슬은	幽蘭露
눈물 머금은 그녀의 눈 같네	如啼眼
우리의 마음 맺을 아무 것도 없고	無物結同心
안개 속에 핀 꽃마저 감히 꺾지 못하네	煙花不堪剪
무덤가 보드라운 풀은 그녀의 방석 같고	草如茵
우뚝 솟은 소나무는 그녀의 수레 포장 같도다	松如蓋
산들 봄바람은 그녀의 펄럭이는 치맛자락 같고	風爲裳
흐르는 물소리는 그녀의 노리개 소리 같도다	水爲佩
그녀가 생전에 타고 다녔던 수레는	油壁車
오늘 저녁에도 그녀가 오길 기다리고 있네	夕相待
사랑하는 이 위해 밝혀놓은 촛불은	冷翠燭
헛되이 차가운 불꽃만 비출 뿐이네	勞光彩
생전 그녀가 살았던 서릉의 아래엔	西陵下
빗방울만 바람에 휘날릴 뿐이네	風吹雨

위 시는 이하가 소소소의 무덤 앞을 지나며 무덤의 모습과 자신의 감상을 적었는데, 이슬, 꽃, 풀, 소나무, 봄바람 등 눈에 보이는 것 모든 것이 그녀를 떠올리게 한다. 특히 주인이 이제나 저제나 돌아올까 하고 기다리는 유벽거 수레는 보는 이로 하여금 가슴 아프게 만든다. 작품 구절마다 사랑을 꽃 피우지 못하고 세상을 떠난 소소소에 대한 아쉬움과 서글픔이 교차하고 있다.

소소소묘 앞의 표지석. 1960년대 훼손된 묘를 2004년 복원했다는 기록이 보인다.
우웨이나(吳瑋娜) 촬영

25 두목(杜牧)

1. 청명절

4월 5일은 청명(清明)이다.

한국과 마찬가지로 중국 사람들도 청명에 성묘를 한다. 중국 사람들은 성묘를 묘를 정리하고 청소한다는 의미로 '사오무(掃墓)'라고 부른다. 청명을 맞이하여 성묘를 하는 중국의 열기를 중국 닝보(寧波)에서 직접 느껴본 적이 있는데, 그 열기는 한국의 그것 이상이었다. 청명이 되기 전 휴일을 맞아 미리 성묘를 다녀오는 사람들도 많지만, 성묘는 청명 당일에 해야 하는 것으로 생각하는 사람들이 더 많은 것 같았다.

청대 사람이 그린 두목 초상

05년 새로이 조성된 츠저우의 행화촌 입구

그해 강남에 속하는 닝보에는 청명절에 어김없이 비가 내렸다. 게다가 기온이 내려가 쌀쌀한 날씨였다. 그럼에도 불구하고 성묘에 나선 인파는 어마어마했다고 텔레비전 뉴스는 소식을 전했다. 직장인들은 공원묘지를 찾아 성묘를 한 후 출근을 하기 위해 꼭두새벽부터 서둘렀다. 이들 직장인들을 위해 공원묘지로 향하는 시내버스는 새벽 3시 30분부터 운행을 시작했고, 4시 즈음이 되자 시내의 버스승차장은 버스를 타려는 시민들로 장사진을 이루었다. 이들이 서둘러 성묘를 마치고 출근한 후인 아침 8시를 전후하여 공원묘지로 향하는 도로는 승용차로 다시 메워진다. 이때는 주로 닝보에서 1~2시간 거리의 가까운 도시인 항저우(杭州)나 사오싱(紹興)에서 성묘를

하기 위해 직접 자신의 차를 몰고 오는 사람들이 대부분이다. 그리고 9시 즈음이 되면 시간에 쫓기지 않는 사람들이 성묘하기 위해 집을 나선다. 청명절 당일 이곳의 공원묘지는 이렇게 세 차례 사람들의 커다란 물결에 휩쓸린다.

청명절! 이날엔 시인 두목의 <청명(淸明)>이라는 시를 떠올리지 않을 수 없다.

청명절에 비 어지러이 내려　　　　　清明時節雨紛紛
길손의 마음을 흔들어 놓네　　　　　路上行人欲斷魂
주막이 어디인가 물으니　　　　　　借問酒家何處有
목동은 멀리 살구꽃 핀 마을을 가리키네　牧童遙指杏花村

작자인 두목이 츠저우(池州) 자사(刺史)일 때 지은 시이다. 츠저우는 안후이 (安徽)성 서남부에 위치하고 있는 도시로 북쪽은 창장(長江)에 남쪽은 황산(黃 山)에 인접하고 있다. 말하자면 창장 연안의 강변 도시인 셈이다. 두목이 이 곳에서 자사 벼슬을 할 때, 이곳을 유람하다가 길손과 목동의 문답 형식으로 비 내리는 강남의 정취를 묘사하였다.

청대 화가 전혜안(錢慧安 : 1833~1911)이
그린 청명시 시의도

두목이 유람을 떠난 이 날에도 비가 내렸듯이, 중국 강남의 봄은 비가 무척이나 흔하다. 비와 함께 봄이 지나간다고 해도 지나친 말이 아니다. 날씨가 화창한가 싶더니 이내 구름이 몰려와 비를 뿌리고 지나간다.

청명절 아침 우산을 받쳐 들고 성묘에 나선 닝보
시민들(닝보의 한 신문, 2006)

두목이 이 시를 지은 후로 살구꽃 핀 마을인 행화촌(杏花村)은 술을 빚는 고장의 대명사가 되었다. 안후이성 츠저우에서도 행화촌이라는 이름을 본 따 청대에 이미 사방 10여리에 달하는 명승 유적지를 조성하였다.

두목(803~約852)은 자가 목지(牧之)이고 호는 번천(樊川)이다. 지금의 산시(陝西)성 시안(西安)출신이다. 애정시의 대가인 이상은(李商隱)과 더불어 이두(李杜)로 불리기도 하였고, 시풍이 두보(杜甫)와 비슷하다 하여 소두(小杜)라고도 불렸다. 그는 대화(大和) 2년(828년) 진사에 급제하여, 홍문관교서랑(弘文館校書郎)이 된 후로, 황저우(黃州), 츠저우, 무저우(睦州) 등의 자사를 역임하였고, 중서사인(中書舍人)을 끝으로 은퇴하였다.

그는 산문과 시 양 방면에 모두 뛰어났던 인물로 그의 대표적인 산문 작품인 <아방궁부(阿房宮賦)>는 웅장하고 화려한 아방궁을 묘사하여, 당시 조정이 백성을 혹사시키고 물자를 낭비하며 궁전을 개축하는 것에 대해 충고와 비판을 가하고 있다. 시 방면에서는 영사시와 서경시에 뛰어났다. 위의 <청명>을 비롯한 그의 7언절구 시는 예술성이 대단히 높은 작품들로 인구에 회자되는 명작이다.

2. 적벽대전

얼마 전 할리우드에서 활약하고 있는 John Woo(吳宇森) 감독의 <적벽(赤壁)>이라는 영화가 초대형 스케일로 단연 화제가 되었던 때가 있었다. 이 영화는 스케일 뿐 아니라 중화권의 유명 배우들이 다수 출연하여 더욱 화제였는데, 량차오웨이(梁朝偉)가 주유(周瑜) 역을, 진청우(金城武)가 제갈량(諸葛亮)역을, 장전(張震)이 손권(孫權)역을 그리고 린즈링(林志玲)이 소교(小喬)역을 맡아서 열연하였다.

삼국의 각축장이었던 후베이성의 징저우성.
장상량(張祥良) 촬영

징저우성에 올라 내려다본 풍경.
성 앞에는 호성하(護城河)가 성을 휘둘러 감싸고 있다.
장상량(張祥良) 촬영

이 영화와 관련 있는 시와 역사적 사실을 살펴보기로 한다. 두목의 <적벽에서(赤壁)>시를 보도록 하자.

모래 속에 파묻힌 부러진 창은 아직 삭지 않아　　折戟沈沙鐵未銷
닦고 씻어내니 옛 것임을 알겠네　　　　　　　　自將磨洗認前朝

동풍이 주유를 돕지 않았던들　　　　　　　東風不與周郞便

늦은 봄 동작대에 이교는 갇혔으리라　　　　銅雀春深鎖二喬

　이 시는 작자 두목이 적벽(츠비(赤壁) : 지금의 후베이(湖北)성 우창(武昌)현 서쪽)을 지날 때 지은 시로 역사적 사실을 추측과 풍자를 섞어 강개하게 읊고 있다.

　적벽대전은 한(漢) 헌제(獻帝) 건안(建安) 13년(208), 조조가 징저우(荊州)를 점령한 후에 동쪽의 오를 치려고 하자, 오의 장수인 주유가 촉과 연합하여 이곳에서 조조의 군사를 대파하고 위, 촉, 오 3국 정립의 새로운 국면을 연 역사적인 전투이다. 오와 촉의 연합군이 위의 군사를 대파한 이 전투는 당시 오의 주유가 황개(黃蓋)의 계책을 받아들여 불을 이용한 공격을 계획하고 있던 차에 마침 동남풍이 불어와서 조조(曹操)의 전선을 궤멸시킬 수 있었다.

　위 시에서 주랑(周郞)은 주유를 가리키는 것으로, 적벽대전 당시 그는 겨우 24세로 오나라 사람들은 그를 '주랑'이라 불렀다. 주유는 손책(孫策)과 나이가 같아서 어렸을 때부터 그와는 둘도 없는 친구였다. 손책이 부친 손견(孫堅)을 잃은 뒤부터는 장소(張昭)와 함께 손책을 보좌하여 오나라의 기초를 공고히 했다. 200년 손책이 죽고, 19세의 손권이 그의 뒤를 이었을 때도, 주유는 장소, 정보(程普) 등과 함께 손권을 보좌했다. 208년 당시 조조가 징저우를 공략하고 오를 치려고 하자 강화를 주장하는 사람이 압도적으로

대 화가가 그린 적벽시 시의도 속의 대교와 소교

많았지만, 주유는 노숙(魯肅)과 함께 위나라에 맞
서 싸울 것을 단호하게 주장하여 적벽대전에서
대승을 이끌어내었던 것이다.

시의 첫 부분은 이 적벽대전 때에 땅에 파묻
힌 창이 600여년이 지난 당시까지도 삭지 않아
역사적인 사건을 떠올리게 되었음을 말하고 있
다. 동작(銅雀)은 동작대(銅雀臺)를 말하는 것으로,
건안 15년(210) 조조가 지금의 허베이(河北)성 한
단(邯鄲)시 린장(臨漳)현 일대에서 동(銅)으로 만든
공작을 발견한 것을 기념하여 지은 누대이다. 이
교(二喬)는 오(吳)나라 교공(橋公)의 두 딸인 대교(大
喬)와 소교(小喬)를 말하는 것으로, 후에 대교는
손책의 아내가 되었고, 소교는 주유의 아내가 되
었다. 작자는 만약 동풍이 주유를 도와주지 않아
오나라가 위나라에 패배했더라면, 두 자매는 위
나라의 병사들에게 사로잡혀 동작대에 갇혀 있
다가 조조에게 바쳐졌을 것임을 이야기하고 있는
것이다.

청대 비단욱(費丹旭)이 그린 적벽시 시의도 속의 이교

3. 지는 꽃을 탄식하다

2010년 5월 중순, 온 교정에 영산홍이 만발하였다. 이상 기후 영향으로 예년에 비해 늦게 꽃을 피웠지만, 형용할 수 없는 가지가지 색의 꽃들이 저마다 자태를 한껏 뽐내려 아우성치는 소리가 들리는 듯하다. 꽃이 피고 지는 것을 탄식한 시를 본다.

중국 저장(浙江)성과 장쑤(江蘇)성 접경 지역에 후저우(湖州)라는 도시가 있다. 당(唐)나라 대화(大和) 연간 말년에 두목은 시어사(侍御史)라는 벼슬에 있다가 장시(江西) 관찰사의 막부로 부임했다. 술과 미인을 늘 가까이하며 풍류 생활을 즐기는 것으로 이름 높았던 그는 그곳에서도 풍류 생활에 여념이 없었다. 부임지의 여러 곳을 수소문하고 찾아 다녔지만 마음에 드는 여인이 없어 낙담하고 있었다. 그러던 차에 후저우는 경치도 아름답지만 미인 또한 구름같이 많다는 이야기를 전해 듣게 되었다. 두목은 곧장 들뜬 기분으로 후저우를 찾았다. 마침 후저우의 자사(刺史)인 최군소(崔君素)는 두목의 친구였는데, 그가 찾아온 뜻을 이내 알아차리고는 그를 위해 성대한 연회를 열어주기를 여러 차례 하였다. 연회를 열 때마다 후저우의 수많은 기생들을 연회에 나오도록 하여 노래와 춤을 추게 하고 두목의 선택을 기다렸다. 그러나 두목은 기생들이 이쁘기는 하지만 자기가 찾는 미인들은 아니라며 마음에 들어 하지 않았다. 자사는 어찌하면 좋을까 고민하면서 다시 두목의 생각을 물었다. 두목은 추호도 머뭇거림이 없이 자신의 생각을 말하였다. 그것은 바로 운하에서 성대하게 수상 공연을 펼쳐, 후저우의 모든 백성들로 하여금 구경 나오게 한 후에, 그 때 자신이 마음에 드는 여인을 고르겠노라는 것이었다. 자사는 두목의 말을 따라 성대한 공연을 개최하였다. 운하의 양 편 언덕은 곧 구경 나온 사람들로 인산인해를 이루었다. 두목은 구경 나온 사람들을 유심히 살펴보았으나, 해가 뉘엿뉘엿 산으로 넘어가도록 아무런 소득이 없었다. 공연이 끝나갈 즈음인 바로 그 때, 한 아낙네가 양 갈래로 머리를 땋은 10여 세 됨직한 한 소녀를 데리고 지나가고 있었다. 그 소녀를 바라본 두목은 자신도 모르게 무릎을 치며 장래에 경국지색으로 자랄 아이라고 탄성을 질렀다. 두목은 곧 두 모녀를 자신이 있는 곳으로 불렀는데 두 모녀는 긴장한 기색이 역력했다. 두목은 소녀의 어미에게 "지금 곧 그대의 딸을 맞아들이려고 하는 것이 아니고, 훗날을 기약하려는 것이오. 내가 10년 안에 반드시 이 고을의 자사로 부임해 와서 혼례를 치를 것이오. 그런데 만약 내가 오지 않으

후저우의 아름다운 운하.
후저우의 난쉰(南潯)은 중국의 대표적인 물의 고장(水鄕) 중 하나다.

면 좋은 혼사 자리를 찾아 시집을 가도 좋소." 라고 하며 많은 예물을 주고 훗날을 기약하였다. 바램대로 두목은 드디어 자사가 되어 후저우로 부임하였다. 그러나 그 때는 이미 그 소녀와 기약을 한 지 14년의 세월이 지난 때였고, 그 소녀 또한 다른 곳으로 시집을 간 후였다. 후저우로 부임한 두목은 부임하자마자 훗날을 기약했던 두 모녀를 수소문하여 그들을 관아로 불러들였다. 소녀의 어미는 두목이 자기 딸을 빼앗지나 않을까 두려워, 딸이 낳은 세 아

이까지 데리고 두목에게로 나아갔다. 두목은 그 어미를 꾸짖으며 "당초 나에게 시집 보내기로 훗날을 기약했음에도 어찌하여 다른 데로 시집을 보내었는가?"라고 호통을 쳤다. 그 어미는 "지난 번 나으리께서 말씀하시길, 10년이 지나도 나으리께서 오지 않으면 다른 데로 시집을 가도 좋다고 하여 시집을 보낸 것이고, 시집간 지 이미 3년이나 지났습니다."라고 기어들어가는 목소리로 대답하였다. 그 대답에 잠시 깊이 생각에 잠겼던 두목은 자신이 옛날 했던 언약을 다시 떠올리며 마음을 돌리는 수밖에 없었다. 두목은 그들에게 후한 예물을 갖추어 돌려보낸 후 아쉬운 마음을 다음의 <지는 꽃을 탄식하다(嘆花)>시에 기탁을 하였던 것이다.

꽃을 찾아온 것이 너무 늦었음을 한탄하노니　自恨尋芳到已遲
그 옛날 보았을 때는 채 피질 않았었노라　往年曾見未開時
지금 꽃잎은 바람에 흩어져 날리고　如今風擺擺狼藉
무성한 가지엔 이미 열매 가득 달려 있도다　綠葉成陰子滿枝

　꽃이 아직 피어있지 않으리라 생각하고 꽃을 찾아갔건만, 꽃은 이미 활짝 피었다가 져서 바람에 흩날리고 있을 뿐만 아니라, 열매를 맺은 후라는 말로 자신이 여인을 찾아온 것이 너무 늦었다는 아쉬움과 회한이 행간에 가득하다.

26 이상은

1. 중국 최고의 사랑시

어느 해 연말 반가운 사람에게서 소포 하나를 받았다. 오래 전 마산의 한 대학에서 가르쳤던 제자 영란이가 부친 책이었다. 그 제자는 마산에서 중학교 국어 교사를 하다가 잠시 휴직을 하고, 이곳에서 가까운 충북 청원의 한국교원대학교에서 석사과정을 밟고 있었다.

제자는 대학 4학년 때, 나에게서 시집 1권을 받은 기억이 있어서 시집을 보낸다는 메모와 함께 시집 한권을 나에게 보내온 것이었다. 안도현이라는 시인이 엮은 『그 작고 하찮은 것들에 대한 애착』이라는 시집이었다. 그녀는 시집에 수록되어 있는 정일근 시인의 <유배지에서 보내는 정약용의 편지>를

이상은의 고향인 허난성 싱양의 이상은 공원 입구.
쑨쟈민(孫嘉敏) 촬영

가장 좋아한다고 했다. 그래서 그 시를 벽에 붙여두고 읽고 또 읽으며 감동 받곤 했다는 말과 함께 그 시를 고운 편지지에 정성껏 다시 써서 나에게 보냈던 것이다.

<유배지에서 보내는 정약용의 편지>를 보면, 제자 영란이의 말 그대로, 자신의 마음 깊은 곳에 서려있는 우울과 그리움을, 강진에 유배 가야했던 다산 정약용의 마음을 빌어 서술하고 있는 너무도 감동적인 시이다. 그녀가 자신의 방 벽에 붙여두고 읽고 또 읽었다는 정일근 시인의 시는 다음과 같다.

▉▉▉ 제 1 신

아직은 미명이다.
강진의 하늘 강진의 벌판 새벽이
당도하길 기다리며 죽로차를 달이는 치운 계절,
학연아, 남해바다를 건너 牛頭峰을 넘어오다 우우 소울음으로
몰아치는 하늬바람에 문풍지에 숨겨둔 내 귀 하나
부질없이 부질없이 서울의 기별이 그립고,
흑산도로 끌려가신 약전 형님의 안부가 그립다.
저희들끼리 풀리며 쏠리어가는
얼음장 밑 찬 물소리에도 열 손톱들이 젖어 흐느끼고
깊은 어둠의 끝을 헤치다
손톱마저 다 닳아 스러지는 謫所의 밤이여,
강진의 밤은 너무 깊고 어둡구나.
목포, 해남, 광주 더 멀리 나간 마음들이
지친 봉두난발을 끌고 와
이 악문 찬 물소리와 함께 흘러가고
아득하여라, 정말 아득하여라

처음도 끝도 찾을 수 없는 미명의 저편은
나의 눈물인가 무덤인가
등잔불 밝혀도 등뼈 자욱히 깎고 가는 바람소리
머리 풀어 온 강진 벌판이 우는 것 같구나.

정일근 시인에게는 위 시 말고도 가슴이 아려오는 사랑의 시가 있다. 내가 즐겨 읽는 시이기도 한데, 바로 <연가>라는 시이다.

허락하신다면 사랑이여
그대 곁에 첨성대로 서고 싶네
입 없고 귀 없는 화강암 첨성대로 서서 아스라한 하늘 먼
별의 일까지 목측으로 환히 살폈던
신라 사람의 형형한 눈빛 하나만 살아
하루 스물 네 시간을, 일년 삼백 예순 닷새를
그대만 바라보고 싶네
사랑이란 그리운 사람의 눈 속으로 뜨는 별
이 세상 모든 사랑은 밤 하늘의 별이 되어
저마다의 눈물로 반짝이고,
선덕여왕을 사랑한 지귀의 순금 팔찌와
아사달을 그리워한 아사녀의 잃어버린 그림자가
서라벌의 밤하늘에 아름다운 별로 떠오르네
사랑아, 경주 남산 돌 속에 숨은 사랑아,
우리 사랑의 작은 별도 하늘 한 귀퉁이 정으로 새겨
나는 그 별을 지키는 첨성대가 되고 싶네
밤이 오면 한 단 한 단 몸을 쌓아
하늘로 올라가 그대 고운 눈 곁에 누운

초승달로 떠 있다가

새벽이 오면 한 단 한 단 몸을 풀고 땅으로 내려와

그대 아픈 맨 발을 씻어주는 맑은 이슬이 되는.

중국 당시에도 이에 못지않은 사랑시가 있다. 사랑시에 관한 한 이상은(李商隱)을 빼놓고 이야기할 수 없을 것이다. 그의 일생은 '오직 사랑만을 추구했던 일생으로 그는 사랑을 위해 태어났고, 사랑을 위해 죽었다.' 라고 말할 수 있을 정도이다. 그는 이미 1100년 전에 사랑시의 새로운 경지를 창조했다. 그동안 수많은 사람들이 사랑에 대해 읊조렸지만, 이상은은 한마디로 그들 모두를 무색하게 만들었다. 이상은 시가 나온 이후로 사랑에 빠진 사람들이나, 사랑 때문에 가슴 아파해야했던 사람들 모두 이상은의 시를 떠올리며 기뻐하기도 하고 위안을 삼기도 했다. 그의 대표적인 사랑시인 <무제(無題)>를 읽어 보자.

그대와 만나기도 어려웠지만 이별은 더욱 어려운데	相見時難別亦難
봄바람도 힘이 없어 온갖 꽃 다 시드네	東風無力百花殘
봄누에는 죽어서야 실 뽑기를 그치고	春蠶到死絲方盡
촛불은 재가 되어서야 눈물이 마르네	蠟炬成灰淚始乾
새벽 거울에 구름 같던 머리 희어짐을 설워하고	曉鏡但愁雲鬢改
밤잠 들지 못하고 시 읊조리매 달빛 차가움을 느끼리라	夜吟應覺月光寒
그녀 있는 봉래산이 이곳에서 멀지 않으니	蓬山此去無多路
파랑새야 살며시 나를 위해 알아봐주려무나	靑鳥殷勤爲探看

영원히 사랑하리라는 다짐을 누에가 죽을 때까지 실을 뽑는 것과 촛불이 재가 될 때까지 타는 것으로 표현하고 있는데, 피를 토해내는 듯한 외침에 가슴이 저려올 뿐이다.

그의 시는 구상이 새롭고도 기이했으며, 상상이 풍부하고 시어가 우아했다. 그리고 상징 수법을 잘 운용했으며, 또한 전고를 자주 인용, 함축적인 자구를 구사하여 당대 수사주의 문학의 극치를 보여주고 있다. 특히 위의 시같이 애정을 주제로 한 시에서 그의 상상력은 유감없이 발휘되었는데, 함축적인 시어에 정감은 참신하고 독특하다는 평가를 받아왔다.

이상은은 자가 의산(義山)이고, 호는 옥계생(玉谿生)이다. 허난성(河南省) 싱양현(滎陽縣) 출신이다. 당 대화(大和) 3년(829) 천평절도사(天平節度使) 영호초(令狐楚)의 부름을 받고 막부의 순관(巡官)이 되었는데, 영호초는 그의 재능을 아껴 문하에서 자신의 아들인 영호도(令狐綯)와 함께 공부하도록 하고 친히 문장을 가르치기도 했다. 개성(開成) 2년(837) 영호도의 추천으로 진사에 급제하여 이듬해 경원절도사(涇

허난성 싱양의 이상은 공원 내의 이상은 묘비석. 쑨자민(孫嘉敏) 촬영

이상은 공원 내의 이상은시비. 쑨자민(孫嘉敏) 촬영

原節度使) 왕무원(王茂元)의 막부에 들어가자 왕무원은 그의 재능을 알아보고 그를 사위로 삼았다. 그러나 당시는 우당(牛黨)과 이당(李黨)의 당쟁이 극렬했던 시기였는데 이상은은 처음에 우당인 영호초의 막료가 되었다가 후에 반대당인 이당의 왕무원의 서기가 되어 그의 딸을 아내로 맞았기 때문에 우이당쟁(牛李黨爭)의 회오리에 휩쓸리는 결과가 되었다. 이 때문에 그는 평생 자신의 뜻을 펴보지도 못한 채 장기간 외직으로만 돌아야 했다. 그의 유미주의적 시 경향은 이 소외감에서 비롯된 바가 크다 하겠다.

이상은 공원 내에 있는 이상은 조각상.
그의 대표작인 〈금슬〉시가 조각되어 있다. 쑨쟈민(孫嘉敏) 촬영

2. 달나라로 도망간 창어

몇 해 전 우리나라의 도하 각 신문에는 다음과 같은 중국 관련 기사가
지면을 가득 채웠다.

> 10월 24일 오후 6시 5분(한국시간 오후 7시 5분)에 중국의 첫 달 탐사
> 선 창어(嫦娥) 1호가 쓰촨(四川)성 시창(西昌)위성발사센터에서 발사됐다.
> 창어1호를 실은 '창정(長征)3호 갑(甲)' 로켓은 꽁무니로 불꽃을 내뿜으며 솟
> 구쳐 오르더니 불과 15초만에 옅은 구름 속으로 사라졌다. 중국중앙방송
> (CCTV)으로 생중계를 보던 13억 중국인이 환호했다.

라는 기사였다.

우리나라 사람들은 달을 바라보면 이내 계수나무와 토끼를 떠올릴 것이
다. 그런데 중국 사람들은 가장 먼저 창어(嫦娥)를 떠
올린다. 달 탐사선의 이름을 창어라 붙인 것도 이 때
문이다. 중국에서 달과 관련된 이야기 가운데 가장
유명한 것은 창어가 영약을 훔쳐 먹고 달나라로 달아
난 신화이다.

창어에 대한 신화는 여러 가지 이야기가 전해오는
데, 그것들을 정리하면, 다음과 같다. 창어는 여신으
로 용감하고 활쏘기의 명수인 후예(后羿)라는 신의 아
내였다. 당시 천신(天神)에게는 10명의 아들이 있었는
데, 이들이 하늘에 있는 10개의 태양을 관리하였다.
이들은 번갈아 하루에 한 개의 태양을 수레에 싣고
하늘가의 동쪽에서 서쪽으로 지나갔는데, 이것이 지

명대 화가 당인(唐寅 : 1470~1523)이 그린 창●

상에서는 하루가 지나가는 것이었다. 수만 년에 걸쳐 반복되는 일에 싫증이 난 것일까? 어느 날 10명의 아들들은 한데 모여 이튿날부터는 10명 모두가 한꺼번에 태양 10개를 싣고 나가기로 했다. 이튿날 10개의 태양이 동시에 하늘에 나타나자, 이 세상의 모든 나무와 동물들이 타 죽기 시작했다. 이에 천신은 활쏘기의 명수인 후예에게 10개의 화살을 건네주면서 자신의 아들들을 위협만하여 예전처럼 하루에 한 개의 태양만을 운반하게 하라고 명령하였다. 후예는 아들들을 위협만 하고자 목표물을 빗기어 활시위를 당겼으나 날아간 화살들은 어김없이 아들들과 태양을 명중시켜 이들을 차례 차례 하늘에서 떨어뜨렸다. 이 광경을 지켜보던 천신은 그냥 놔두었다가는 후예가 하늘에 있는 10개의 태양을 모조리 떨어뜨려 세상을 암흑으로 만들까 걱정되었다. 천신은 급히 사신을 보내 후예의 활 통에서 몰래 한 개의 화살을 꺼내게 하였다. 이리하여 지금 우리가 사는 세상에는 하늘에 한 개의 태양만이 남게 된 것이다. 한꺼번에 9명의 아들을 잃은 천신은 후예를 인간으로 격하시켜 인간 세상으로 귀양을 보내게 되었다. 이에 후예의 아내인 창어 역시 인간

청대 화가 고기패(高其佩 : 1672~1734)가 그린
〈달나라의 창어(月宮嫦娥)〉

이 되어 남편을 따라 인간 세상으로 내려오지 않으면 안 되었다. 원래 후예와 창어의 부부 사이는 금실이 매우 좋았지만, 남편의 잘못 때문에 자신도 인간이 되어 원치 않은 인간 세상으로 귀양을 온 것에 대해 늘 남편을 원망하며 살았다. 그러던 중 후예는 매우 기쁜 소식을 듣게 되었다. 곤륜산(崑崙山) 서쪽에 사는 서왕모(西王母)라는 여신에게 불사약이 있는데, 이 약을 먹으면 도로 신선이 되어 영원히 죽지 않는다는 소식이었다. 후예는 곧 서왕모에게 약을 얻어와 아내에게 맡기면서 좋은 날을 잡아 부부가 함께 불사약을 먹고 하늘나라로 돌아갈 것을 약속하였다. 그러나 창어는 마음이 조급해져서 더 이상 기다리지 못하고, 후예가 없는 틈을 타 몰래 그 약을 혼자서 삼켜버리고 말았다. 그러자 이상하게도 그녀의 몸이 아주 가볍게 둥둥 공중에 뜨기 시작하더니 차츰 하늘로 올라가기 시작했다. 그러나 하늘나라에서 추방당한 신세로 남편을 놔둔 채 혼자만 다시 하늘나라로 돌아갈 수는 없는 노릇이었다. 창어는 우선 월궁(月宮 : 달나라)에 가서 잠시 몸을 숨기고자 했다. 그러나 달에 도착하자마자 그녀의 몸이 이상스럽게도 두꺼비로 변하고 말았다. 지금도 창어는 두꺼비로 변한 채 달에서 나오지 못하고 홀로 고독한 나날을 보내고 있다는 것이다.

창어를 노래한 문학 작품 가운데 다음 이상은의 시가 가장 대표적이라 할 수 있다.

운모 병풍에 촛불 그림자 깊어가고	雲母屛風燭影深
은하는 점점 기울고 샛별도 희미하네	長河漸落曉星沈
항아는 영약 훔친 것을 후회하여	嫦娥應悔偸靈藥
푸른 바다와 파란 하늘 바라보며 밤마다 애태우리라	碧海靑天夜夜心

　이상은은 창어가 불사약을 훔쳐 먹고 달나라로 달아나 고독한 나날을 지새우고 있다는 고사를 인용하여 자신의 고독감을 묘사하고 있다. 운모는 알다시피 매우 진귀한 광석으로 그 광석을 얇게 쪼개어 옛 사람들은 병풍을 만들었다. 병풍에 촛불 그림자 깊어 간다 함은 밤이 깊어 감을 말하는 것이다. 장하(長河)는 은하를 말하는 것으로 혹은 천하(天河)라고도 한다.

　밤이 어느덧 더욱 깊어져 은하도 기울고 샛별 또한 희미해졌다. 이 고독감과 적막감을 풀어낼 길이 없게 되자 달나라로 도망가서 돌아오지 못하고 있는 창어를 떠올리고 있는 것이다.

27 관휴(貫休)

옌당산(雁蕩山)

유명한 중국 소설가 진용(金庸)이 남송말 혼란한 시기를 배경으로 두 남녀

옌당산의 기암 괴석. 이 산은 항저우에서 남동쪽으로 297킬로미터, 원저우에서 68킬로미터 떨어져 있으며, 최고봉은 해발 1,150미터에 이른다.

합장봉. 두 손을 모으고 기도하는 형상을 하고 있다.

의 지고지순한 사랑을 그린 <신조협려(神雕俠侶)>라는 무협 소설이 있다. 1959년 홍콩의 <명보(明報)> 창간호부터 연재되기 시작한 이 소설은 1976년 처음 드라마로 제작된 이래 지금까지 무려 9차례나 드라마로 제작되어 TV로 방영되었다. 마지막으로 제작된 것은 2006년도에 황샤오밍(黃曉明)과 리우이페이(劉亦菲)가 열연하였는데, 그 드라마를 나는 중국에 체류하던 그 해 무수히도 많이 보았다. 당시 거의 모든 방송국에서 이 드라마를 재탕 삼탕 방영할 정도로 화제가 되었었다.

2006년판 이 드라마는 주로 저장(浙江)성 원저우(溫州)시 근처의 옌당산(雁蕩山)에서 촬영되었다. 드라마를 보는 내내 옌당산의 웅위한 기암과 괴석에 넋을 빼기 일쑤였는데, 2007년 겨울방학 나는 드디어 옌당산을 밟을 기회를 잡았다.

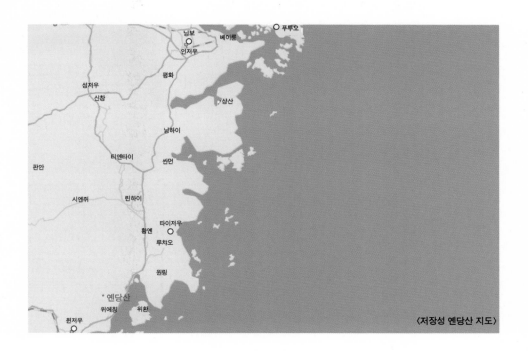

〈저장성 옌당산 지도〉

관음동. 합장봉 사이의 거대한 동굴로 이 안에
사찰이 있다.

옌당산은 저장성 남쪽의 원저우의 위에칭(樂淸)시
에 위치하고 있는데, 갈대가 무성한 이 산의 호수(蕩)
에 가을이 되면 기러기(雁)가 북쪽에서 날아와 이곳에
서 서식한다고 해서 이렇게 불리게 되었다. 옌당산은
빼어난 풍광에도 불구하고 지리적 위치 때문에 당·송
대에는 그다지 커다란 주목을 받지 못했던 것 같다.
당·송대에 이곳을 찾은 후 글을 남긴 유명 시인의 작
품을 찾을 수 없다. 명대에 이르러 유명한 여행가인
서하객(徐霞客)이 이곳을 3번씩이나 찾고 여행기를 남
긴 후 비로소 주목을 받기 시작했다.

당대에 이곳을 찾아 시를 남긴 시인은 관휴(貫休
: 823~912)스님이 유일한데, 저장성 란시(蘭溪) 출신
인 그는 시와 그림에 능하여, 전당시에 그의 시 12
권이 수록되어 있을 정도이다. 그의 문장 속에 옌
당산을 읊은 시가 보이는데,

관음동 안에 있는 사찰

　　　옌당산을 거니노라니 구름 아득하고
　　　　雁蕩經行雲漠漠
　　　용추 폭포 아래 한가히 앉아 있노라니 보슬비가 되어
　　　내리네
　　　　龍湫宴坐雨濛濛

짧은 두 구절에 옌당산의 신비로움을 모두 담아
내고 있다. 그의 이 시구는 후대 사람들에게 지대

옌당산의 봉우리가 아침 햇살을 받으며 구름을
휘감고 있다.

한 영향을 미쳐 사람들은 그의 시에서 이름을 따와 '경행협(經行峽), 연좌봉(宴坐峰)으로 옌당산의 계곡과 봉우리의 이름을 짓기까지 했다.

옌당산에는 8개의 명승 구역이 있는데 그 가운데 경치가 가장 빼어난 영봉(靈峯), 대용추(大龍湫), 영암(靈巖) 구역을 "옌당삼절"이라 하여 반드시 가보아야만 할 곳으로 추천하고 있다.

나는 두 딸과 함께 원저우(溫州) 남부 터미널에서 버스를 타고 옌당산 구역에 도착하여 숙소를 정한 후 먼저 영봉 구역을 찾았다. 영봉 구역은 옌당산의 동대문이라 일컬어지는데, 이곳에서 가장 볼만한 것은 거대한 두 개의 봉우리가 맞서 있어, 마치 두 손을 모으고 합장을 하고 있는 것처럼 보이는 합장봉(合掌峰)이다. 기이한 것은 합장봉 사이에 관음동(觀音洞)이라는 동굴이 있는데, 이 동굴 안에는 뜻밖에도 사찰이 세워져 있었다.

과합교(果盒橋). 영봉 지구의 과일 담은 그릇 모양의 바위 앞에 있는 다리로 청대 광서(光緒) 28년(1902년)에 만들어졌다.

옌당산 구역에서 하룻밤을 보낸 우리는 다른 구역을 보기 위해 아침 일찍 숙소를 나섰다. 숙소에서 나오니 관휴 스님이 읊조렸던 그대로, 옌당산의

243

산들은 아침의 따사로운 햇살을 받으며 구름으로 아침 목욕을 하는 듯 산 중턱은 비누 거품 같은 구름이 두르고 있었다. 먼저 대룡추 구역으로 가기 위해 버스를 탔다. 대룡추 구역은 폭포로 유명한데, 폭포의 높이는 190여 미터에 달하여 중국 제일폭포라 일컬어지고 있다. 폭포수는 그 높은 곳에서 떨어지다 바람을 이기지 못해 물줄기 방향을 자주 바꾸어 마치 살아있는 용이 승천하는 듯했고, 심지어는 세찬 바람에 흩날리어 보슬비가 되어 폭포를 올려다보고 있는 우리의 얼굴과 마음을 살포시 적시었다.

대룡추 폭포. 절벽에는 천하제일폭포라는 글씨가 새겨져 있다.

마지막으로 들른 곳은 영암 구역이었다. 앞의 영봉이 화려하다면, 이 곳 영암은 웅장하다 할 수 있다. 이곳에는 병하장(屛霞嶂)을 중심으로 좌측으로는 천주(天柱)와 전기(展旗) 등 두 개의 천길 절벽이 마주 보고 있어서, 옌당산은 직접 산에 오르는 것보다는 멀리서 산을 바라보아야 제격이다(游雁蕩, 看山不爬山) 라는 말이 실감났다.

244

영암 구역의 병하장. 이 병하장 좌측으로 천주(天柱)와 전기(展旗) 등 두 개의 천길 절벽이 마주 보고 서있다.

용암 구역 두 봉우리를 구름다리로 연결해 놓았다.

대롱추 폭포. 폭포의 높이가 190여 미터에 달한다.

황샤오밍(黃曉明)과 리우이페이(劉亦菲)가 열연한 드라마 신조협려(神雕俠侶)〉의 한 장면

28   피일휴(皮日休)

대운하를 회고하다

수양제(隋煬帝), 그는 단지 전형적인 폭군이며 망국
의 황제였을까?

그에 대한 평가는 방탕한 생활을 하고 무리한 토목
공사를 벌이는 등 무절제한 행동을 한 끝에 건국한 지
불과 40여년 만에 왕조를 멸망시킨 황제라는 평가가
일반적이다. 그러나 이러한 평가와는 반대로 그를 중국
역사상 창의력과 상상력이 가장 풍부했으며 실험정신
이 강했던 황제였다고 평가하는 역사학자들 또한 적지
않다. 그의 어떠한 공적이 이러한 긍정적인 평가를 받
도록 한 것일까? 그것은 다름 아닌 대운하 건설이다.
대운하 건설은 가슴 속에 품었던 생각이 전혀 평범하
지 않고 창조적인 면모를 갖고 있던 그였기에 가능했

당대 화가 염립본(閻立本 : 601~673)이 그
린 수양제. 양제의 이름은 양광(楊廣)으로
수문제(隋文帝)의 둘째 아들이다.

던 대사업이었다.

양제는 대운하를 건설 중국의 남북 간의 교통과 물자 유통을 편리하게 하여, 진시황의 만리장성을 통한 통일에 이어 중국을 다시 한번 통일시켰다는 평가를 받고 있다. 대운하는 훗날 창장(長江)과 황허(黃河)를 비롯하여 황해로 흘러 들어가는 대부분의 강을 연결시켜 강남의 항저우에서 베이징까지를 물길로 연결하였다. 강과 강을 연결하여 수로를 만들자 정치 중심지였던 화북과 경제 중심지였던 강남이 연결되어 남북의 실질적인 통일을 이루게 되었던 것이다.

그러나 운하의 건설에는 수많은 물자와 인원이 동원되어 백성들의 부담이 가중되었다. 게다가 대운하가 완성되자, 양제는 용주(龍舟)을 비롯한 수많은 호화로운 배를 건조케 하여 강남의 양저우(揚州)땅으로 가고자 했는데, 그 행차의 호화로움은 말로 형용할 수 없을 정도로 극에 달한 것이었다.

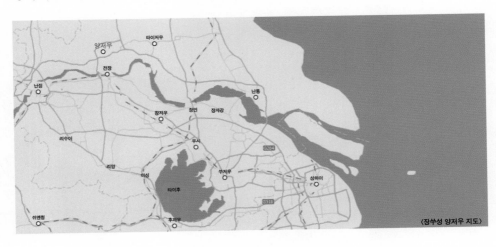

〈장쑤성 양저우 지도〉

수나라 양제의 대운하 건설의 공과를 새로운 시각으로 평가하고 있는 피일휴의 〈변하를 회고하다(汴河懷古)〉라는 시를 보도록 하자.

247

모든 사람들 수나라는 이 운하 때문에 망했다고 말하나   盡道隋亡爲此河

지금은 천리가 운하로 통한다   至今千里賴通波

수나라 양제에게 호화로운 배의 일만 없었던들   若無水殿龍舟事

우임금과 공적을 논해도 뒤지지 않을 것을   共禹論功不較多

위 시에서 변하(汴河)는 창장과 황허를 연결하는 대운하를 말한다. 수전(水殿)과 용주(龍舟)는 양제가 양저우를 순유할 때 만들게 했던 배로, 4층 높이의 배 안에는 정전(正殿), 내전(內殿), 수전(水殿) 등을 갖추고 있는 초호화 배였다. 우(禹)는 중국 하(夏)나라 시조로 전해지는 인물로, 큰 홍수가 났을 때 치수 사업에 큰 공적을 세워, 황제 순(舜)에게서 황제의 지위를 물려받았던 인물이다. 피일휴는 수양제가 개인의 쾌락만을 위해 백성을 도탄에 빠뜨린 허물만 없었더라면 우와 필적할만한 인물이 되었을 것이라고 평가하고 있다.

베이징의 대운하는 풍부한 수량과 맑은 공기로 인해 시민들의 훌륭한 휴식 공간으로 각광을 받고 있다.

대운하의 기점. 베이징 통저우(通州)에 가면 경항대운하의 기점을 기념하여 조성한 운하문화광장을 볼 수 있다. 대운하 개통 후 중국의 남북 간 교통과 물자 유통이 편리해져서 남북의 실질적인 통일이 이루어졌다.

양제는 상상력은 풍부했으나 그 상상력을 실행할 역사적 안목이 부족했고, 자신에게 부여된 역사적 책무를 투철히 이해하지 못하였기에 망국의 황제로 남을 수밖에 없었을 것이다.

위의 작자 피일휴(834?~883?)는 자는 일소(逸少) 혹은 습미(襲美)로 샹양(襄陽) 징링(竟陵 : 지금의 후베이성(湖北省) 텐먼(天門)) 사람이다. 출신이 빈한하였는데, 샹양의 녹문산(鹿門山)에 은거하여 자칭 '녹문자(鹿門子)'라 칭했으며 시와 술을 벗 삼아 스스로 호를 취음선생(醉吟先生)이라 했다. 함통(咸通) 7년(866) 장안에 와서 과거를 보았으나 낙방하자 서우저우(壽州 : 지금의 안후이성(安徽省) 서우현 壽縣)에 은거하여 자신의 시문을 정리 『피자문수(皮子文藪)』를 편찬하였다. 이듬해 진사시험에 합격하여 쑤저우자사(蘇州刺史)였던 최박(崔璞)의 초빙으로 군사판관(軍事判官)이 되었는데, 이 무렵 육구몽(陸龜蒙)과 교우 관계를 맺고 창화한 시를 많이 남겼다. 광명(光明) 원년(880) 황소(黃巢)가 황제로 즉위하자 여기에 가담하여 한림학사(翰林學士)가 되었다가 중화(中和) 3년(883) 황소 군이 장안에서 패퇴할 즈음에 세상을 떠난 것으로 알려진다.

수양제릉. 수 양제는 장쑤성 양저우에서 그의 부하 우문화급(宇文化及)에 의해 피살된 후 그곳에 묻혔다. 양루이(楊瑞) 촬영

249

29 육구몽(陸龜蒙)

서시가 예뻐서가 아니라

중국 저장(浙江)성 항저우에서 남쪽으로 90여 킬로미터 떨어진 곳에 주지 (諸暨)라 불리는 곳이 있다. 그곳은 중국 역사상 유명한 미인인 서시(西施)의 고향인데, 서시고리(西施故里)라는 이름으로 그녀의 유적지가 복원되어 많은 관광객들로 늘 붐빈다.

서시는 옛 월(越)나라의 여인으로 남의 빨래를 해주며 생계를 이어가던 여인이었다. 그녀는 왕소군(王昭君), 초선(貂蟬), 양귀비(楊貴妃)와 더불어 중국의 4대 미녀에 속하지만, 중국 사람들은 그 중 서시를 으뜸으로 쳐서 미의 화신으로 간주하고 있다. 서시를 이야기하자면, 언제나 침어(沈魚)라는

청대 사람이 그린 서시

고사가 생각나는데, 이는 서시가 강가에서 빨래할 때 맑은 강물 위에 그녀의 아름다운 자태가 비치자 물고기들이 그녀의 아름다운 모습에 넋이 나가 헤엄치는 것조차 잊어 그만 강바닥에 가라앉고 말았다는 데에서 유래한다. 육구몽이 황폐한 옛 오나라의 궁궐터에서 서시를 회상하며 지은 <오궁을 회고하다(吳宮懷古)>라는 시를 보자.

화가 임이(任頤 : 1840~1896)가 서시

향경과 장주에는 온통 가시덤불
　　　香徑長洲盡棘叢
사치와 호색의 오왕은 간 데 없고 슬픈 바람 뿐
　　　奢雲艷雨只悲風
나라를 망친 것은 모두 오왕 때문이지
　　　吳王事事堪亡國
서시가 다른 비보다 예뻐서만은 아니라네
　　　未必西施勝六宮

위 시는 춘추전국 시대 오(吳)나라 멸망의 원인이 서시(西施)로 인한 것이 아니라 오왕(吳王) 부차(夫差)의 개인적인 사치와 호색 때문임을 밝히고 있다. 위에서 오궁(吳宮)은 오왕 부차가 서시를 위해 지어준 궁궐이며, 향경(香徑)은 오왕 부차가 서시를 위해 건설한 수로로, 서시는 이 수로에 배를 띄우고 꽃을 땄다. 장주(長洲)는 장주원(長洲苑)으로 오왕 부차의 사냥터를 말한다. 그 화려했던 날들을 호령했던 오왕도 보이지 않고, 당시의 호화스런 수로와 장주는 이미 폐허가 되었

251

음을 말하고 있는 것이다. 육궁(六宮)은 황후와 비가 거주하던 궁궐로 여기에
서는 그곳에 거처하던 황후와 비를 일컫는다. 이 구절에서 서시에게 오왕이
멸망한 죄를 물을 수 없음을 확실히 말하고 있다.

　당시 서시의 월나라는 오나라에게 대패하여 월왕 구천(句踐)과 그의 신하
범려(范蠡)는 오나라에 인질로 잡혀가게 되었다. 구천은 원수를 갚고야 말겠
다는 일념으로 부차에게 짐짓 매우 충성스런 태도를 보였다. 부차가 병이 났
을 때 어떠한 약을 써도 듣지 않자, 부차의 대변을 직접 맛보고 처방을 내려
주면서까지 자신에게는 원망함과 복수심이 추호도 없다는 인상을 심어주었
다. 이에 안심한 부차는 구천과 범려를 다시 월나라로 돌아가도록 하였다.
월나라로 돌아온 구천은 오나라에 대한 복수를 결심하며, 안으로 부국강병에
힘쓰는 한편 미인계를 써서 오왕 부차를 무너뜨리고자, 남의 빨래를 해주며
생계를 이어가던 서시를 발탁하여 부차에게 바쳤던 것이다. 아름다운 서시가
오나라로 들어오자 예상했던 대로 오왕 부차는 서시의 치마폭에서 헤어나지
못하고 음락에만 빠져 국사를 돌보지 않게 되었다. 이 틈을 놓치지 않고 월
왕 구천은 군사를 출동시켜 오나라를 함락시키고 복수를 할 수 있었다.

　위 시의 작자인 육구몽은 만당(晩唐)의 시인으로 자는 노망(魯望)이고 호는
강호산인(江湖山人), 천수자(天隨子) 등으로 불렸다. 쑤저우(蘇州)의 명문 출신으
로 어렸을 때 이미 육경(六經)에 능통하였으며, 특히 『춘추(春秋)』에 조예가 깊
었다. 함통(咸通) 연간에 진사시험에 낙방한 후 다시 응시하지 않고 송장(松江)
의 보리(甫里)에 은거하여 농경 생활에 힘쓰는 한편 시를 즐기며 유유자적한
생활을 하여 보리선생(甫里先生)이라고도 불린다.

완사녀군상(浣紗女群像)1. 딩스한(丁詩涵) 촬영

저장성 주지의 서시 고향집 입구.
딩스한(丁詩涵) 촬영

빨래로 생계를 이어가던 서시를 묘사한 완사녀군상(浣紗
女群像)2. 쉬샤오쉬엔(徐小璇) 촬영

서시 고향집의 전경. 쉬샤오쉬엔(徐小璇) 촬영

저장성 주지(諸曁)의 서시의 고향집(西施故里) 표지석.
딩스한(丁詩涵) 촬영

30 두순학(杜荀鶴)

쑤저우에 가거들랑

동방의 베니스라 불리는 쑤저우(蘇州). 물길이 거미줄처럼 얽혀 있고, 그 위로 멋들어진 다리가 수많은 아름다운 물의 도시(水鄕)인 쑤저우를 묘사한 시들이 많은데, 우리가 읽을 시는 그 중 대표적인 시라 할 수 있다.

쑤저우의 운하와 다리

쑤저우는 오(吳), 오주(吳州), 오군(吳郡) 등으로 불리다가, 수(隋)나라 이후로 쑤저우라 불리기 시작했다. 쑤저우에는 운하에 놓인 다리가 매우 많은데, 이미 당(唐)대에 백거이(白居易)가 쑤저우의 다리는 390개라고 읊조렸을 정도로 크고 작은 다리가 수도 없이 많았다. 그럼 먼저 두순학이 친구를 쑤저우로 떠나 보내며 지은 <그대를 오땅으로 보내며(送人游吳)>라는 시를 보자.

그대 소주 가서 보게	君到姑蘇見
사람들은 모두 운하를 베고 자네	人家盡枕河
옛 궁궐은 빈터 적고	古宮閑地少
운하마다 작은 다리 많네	水港小橋多
야시장에서는 마름과 연뿌리 팔고	夜市賣菱藕
봄 배에는 비단 가득 실려 있네	春船載綺羅
달밤에 잠 못 이루고	遙知未眠月
어부 노래 소리에 고향 생각하겠지	鄕思在漁歌

위에서 고소(姑蘇)는 현재의 쑤저우를 이르는 것으로, 쌀과 물고기가 풍부하여 어미지향(魚米之鄕)이라 일컬어지고, 비단 산업이 성했던 쑤저우 특유의 풍경을 정감 어린 언어로 그림처럼 묘사하고 있다.

쑤저우의 물길에는 마름과 연뿌리가 많이 생산된다. 마름은 생명력이 강해 물이 좀 많은 곳이면 어디에서나 뿌리를 내리고 물 위로 줄기를 드러내는데, 생으로 먹으면 갈증을 풀어 주고, 익혀 먹으면 기력을 되찾게 해준다고 한다. 게다가 가격까지 저렴하여 예로부터 중국 강남 사람들이 여름에 즐겨 먹는 식품이 되었다. 연근은 두말할 것도 없이 중국 사람들이 즐겨 먹는 음식이다. 마름과 연근 외에 강남 사람들이 즐겨 먹는 또 하나의 식물은 순채(蓴菜)일 것이다. 순채는 쑤저우 근교의 타이후(太湖)나 항저우의 시후(西湖)에서 많이 나는 수중 식물인데, 새로 나온 순이 수면 위로 나오기 전에 부드러운 순을 따서 주로 국으로 끓여 먹는다.

순채국은 얼마나 맛이 있는 것일까? 고향 쑤저우의 순채국(純羹)과 농어(鱸魚)의 맛을 못 잊어 관직을 팽개치고 고향으로 돌아온 서진(西晉) 시대 장한(張翰)의 고사를 통해 우리는 순채국의 맛을 가히 상상할 수 있을 것이다. 또한 쑤저우가 배출한 중국 현대 저명 문인인 예성타오(葉聖陶 : 1894~1988)가 고향의 연근과 순채를 그리워하며 쓴 문장은 현재 중국 중학교 교과서에 실려 있을 정도로 유명한데, 그는 친구와 함께 술을 마신 후 연근을 씹다가 고향의 연근을 떠올린다. 고향에서는 흔하고 싱싱하기 그지없는 연근과 순채가 자신이 살고 있는 도회지에서는 구하기도 쉽지 않으며 그 맛 또한 싱싱한 것과는 거리가 멀다고 하면서 고향에 대한 절실한 그리움을 드러내고 있다. 그는 고향의 순채국을 옅은 연두색 국물에 무미(無味)한 맛이 일품이라고 말하고 있는데, 담백한 그 맛이 곧 고향의 맛일 게다.

위 시의 작자 두순학(846~904)은 츠저우(池州 : 현재의 안후이(安徽)성 츠저우)사람이다. 그는 두목(杜牧) 첩의 자식으로 알려져 있기도 하다. 두목이 츠저우 자사로 재임하고 있을 당시 그의 첩인 정씨(程氏)에게 태기가 있었는데, 두균(杜筠)에게 재가하여 두순학을 낳았다고 한다. 여악(廬岳)에 10년간 은거, 창작에만 전념하여 명성을 날렸으나, 46살이 되어서야 진사에 급제하여 고향에 돌아와 선주절도사(宣州節度使) 전군(田頵)의 막료가 되었다. 천우(天祐) 원년(904) 한림학사(翰林學士)에 부임한지 5일 만에 세상을 떴다.

그의 시는 시어는 평이하고 통속적이며, 풍격은 소박하고 자연스럽다는 평가를 받고 있다.

쑤저우의 다리 위에서. 2002년 월드컵에서 우리나라 축구팀이 4강에 진출했을 때, 대한의 꼬마아가씨들은 붉은 악마 유니폼을 입고 중국 대륙을 누비며 응원하였다.

순채

아낙네들이 순채를 채취하고 있다.

명대 화가 문백인(文伯仁 : 1502~1575)이 그린 〈태호도 (太湖圖)〉. 이 곳 태호(타이후)에서 순채가 많이 난다.

31 어현기(魚玄機)

사랑하는 님의 마음 얻기 어려워라

당나라 때의 유명한 여류 시인 어현기는 산시(陝西)
성 시안(西安) 사람으로 어렸을 때의 이름은 유미(幼微)이
다. 그녀는 천성적으로 총명하여 어려서부터 독서하기
를 좋아했고 문장을 잘 지었다. 게다가 경국지색이라는
평을 받을 정도로 용모가 출중하였다. 그녀 나이 15세
때, 장래가 촉망되던 청년 고관인 이억(李億)이라는 사람
의 첩으로 들어가 이억과의 정이 남달리 도타웠다. 그
러나 이억의 부인이 시기 질투하여 이를 옆에서 그냥
두고 보질 않았다. 이에 이억은 그녀를 함의관(咸宜觀)이
라는 도관에 출가시켜 여도사가 되게 하고, 자주 그녀
를 보러 오겠노라고 약속하였다. 그 때 그녀의 나이 17
세 때였다. 도관에 들어간 그녀는 이름을 현기라는 도

청대 화가인 개기(改琦 : 1773~1828)가 그
린 어현기의 〈증인녀〉 시의도. 강희(康熙) 황
제의 이름인 현엽(玄燁)을 휘하기 위해 현기
(玄機)를 원기(元機)로 바꾸었다.

개기의 시의도에서 어현기의 인물 부분만을 확대하였다.

사 이름으로 바꾸어 이후로 어현기라 불리게 되었다. 당대의 여도사는 수도
하는 도사들이 아니라, 실상은 가기(歌妓)와 진배없었다. 자주 찾아오겠노라
약속하며 떠났던 이억은 이후 한 번도 어현기 앞에 다시 나타나지 않았다.
그러나 그녀는 그 후로도 오랜 동안 이억에 대한 사랑을 접지 못하고 그를
그리워하며 수많은 시를 지었다. 시간이 한참 지난 후에야 이억과 사랑을 맺
을 수 없는 현실을 간파한 어현기는 이후 수많은 풍류재자들과 거리낌 없이
문학을 논하고 세상을 논하였다. 풍류재자 가운데는 유명한 당대 시인인 온
정균(溫庭筠)을 비롯하여 유명한 문인들이 다수 끼어 있었다. 그녀는 도관에
성대한 술자리를 마련하고 주로 문인들을 초대하여 연회를 열었다. 그러나
누구라도 눈에 거스르는 행동을 하거나 마음에 들지 않으면 거리낌 없이 도
관 밖으로 쫓아냈다. 그녀의 자신감 넘치는 행동과 생기발랄함, 그리고 그녀
의 문학적 재능은 온 장안 전체를 들썩이게 하기에 충분했다. 이에 수많은
남자들은 그녀의 치마폭 아래 머리를 조아리며 그녀를 동경하기에 이르렀다.

그러나 화무십일홍이라 했던가? 곱던 미색도 세월이 흘러가며 빛을 잃어
가기 시작했고, 자신의 처지를 되돌아보고 다시 되돌릴 수 없는 세월을 회한
하며 초조함과 서러움에 자신을 어찌할 도리가 없었다. 이 와중에 한 남자를
사이에 두고 계집종과 사랑 싸움을 하다 급기야는 계집종을 매질하여 죽음
에 이르게 하는 사건을 저지르고 만다. 게다가 이 사건을 맡은 관리가 다름
아닌 지난날 자신의 마음에 들지 않는다는 이유로 도관에서 그녀가 쫓아냈
던 배징(裴澄)이라는 관리였다. 이에 어현기는 참수형에 처해지는 것을 피할
길이 없었는데, 당시 그녀의 나이 24살로 꽃다운 나이에 세상과 하직해야
했다.

다음 시는 이억의 부인에게 도관으로 쫓겨난 직후, 어현기가 이억을 잊지

못하고 그리워하는 마음을 읊은 <이웃 여인에게 주는 시(贈隣女)> 라는 시의
일부이다.

값을 따질 수 없는 보물은 얻기 쉬워도　　　　　易求無價寶
마음에 둔 낭군은 얻기 어려워라　　　　　　　難得有情郎

이억을 사랑하건만 그 사랑을 끝내 이룰 수 없는 데 대한 고통의 외침이
메아리가 되어 들려오는 듯하다.
이 시외에 『전당시』에는 그녀의 시 50 여수가 수록되어 있다.

32 위장(韋莊)

1. 그대와의 이별

위장(836?~910)은 자가 단기(端己)로, 산시(陝西)성 시안(西安) 출신이다. 성당의 유명 시인이었던 위응물(韋應物)의 4세손으로 어려서 부모를 잃고 빈궁한 생활을 하였으나 재능은 남다른 데가 있었다. 건녕(建寧) 원년(894) 과거에 급제한 후 교서랑(校書郎)을 제수 받았는데, 그는 이미 예순에 가까운 노인이었다. 천복(天復) 원년(901) 위장은 촉(蜀) 땅으로 들어가 그곳의 절도사였던 왕건(王建)의 장서기(掌書記)가 되었다. 907년 주전충(朱全忠)이 당을 멸망시키고 후량(後粱)을 세우자, 위장은 왕건에게 지금의 쓰촨성 대부분 지역과 산시(陝西)성 남부, 깐수(甘肅)성 동부 지역을 근거지로 하여 전촉(前蜀)을 건국하고 황제로 즉위할 것을 건의하였다. 전촉이 건국되자 위장은 왕건 아래에서 좌산기상시(左散騎常侍)가 되어 전촉의 제도와 예제를 만드는 일에 전념했다. 지금의 쓰촨성 청두(成都)에 가면 영릉(英陵)을 볼 수 있는데, 이것이 바로 전촉 황제였던 왕건의 능묘이다. 이 능묘는 제갈량의 사당인 무후사와 두보가 살았던 초가집

쓰촨성 청두에 있는 영릉의 입구. 전촉 황제였던 왕건의 능묘이다. 뤼펑(呂澎) 촬영

영릉. 뤼펑(呂澎) 촬영

인 두보초당과 함께 청두의 3대 문화유적지로 손꼽히고 있기도 하다.

위장의 시는 당나라 말기의 혼란한 사회를 사실적으로 묘사하고 유랑생
활의 감정을 읊은 감상적인 작품이 대부분으로 내용이 비교적 사실적이었다.
황소(黃巢)의 농민군이 장안을 공격하였을 때, 미처 피난가지 못한 그는 장안
에서 난의 현장을 목도하게 된다. 그의 작품 중 대표작인 <진부음(秦婦吟)>
은 황소의 난에 휩쓸린 어린 아낙네의 진술을 통해 당말의 사회를 사실적으
로 묘사하고 있다.

여기에서는 그가 이별을 읊은 시 <그대와의 이별 (離筵訴酒)>을 보도록
한다.

그대와 정 들어 헤어지기 정말 아쉬운데	感君情重惜分離
나를 보내는 정 은근하지만 술잔에 술이 넘치네	送我殷勤酒滿巵
취한 뒤 깨어나지 못하는 것은 두렵지 않은데	不是不能判酩酊
오히려 술 깨어난 후 갈 길이 걱정이네	卻憂前路酒醒時

"나를 보내는 정 은근하지만, 술잔에 술이 넘치네." 떠나보내는 이의 아
쉬운 석별의 정이 말로 드러나야만 깊은 것은 아니리라. 떠나는 이 역시 술
이 취하는 것보다는 술이 깬 후 몰려올 허전함과 고통스러움을 주체하지나
못할까 걱정을 한다. 석별에 대한 묘사가 신선하고도 진지하여 지금의 현대
적 감각에 비추어도 손색이 전혀 없다.

2. 수저우(綏州)를 지나며 채염을 떠올리다.

한 사람의 고통스런 삶이 명작의 원동력이 된 예를 우리는 수없이 보아 왔다. 중국문학사에 있어서는 <사기(史記)>를 지은 사마천(司馬遷)이 대표적인 예라 할 수 있다. 오늘 우리가 살펴볼 채염(蔡琰) 역시 고난과 역경으로 가득 찬 그녀의 삶이 명작을 잉태한 좋은 예라 할 수 있다. 당대 시인 위장이 수 저우(지금의 산시(陝西)성 수더(綏德)현)를 지나며 채염을 노래한 <수저우에서 (綏州作)> 라는 시의 일부를 본다.

아리따운 왕소군 떠나던 날엔 꽃도 활짝 웃었고　　　　明妃去日花应笑
채염 돌아올 땐 귀밑머리 이미 서리가 앉았네　　　　蔡琰归时鬓已秋
비파 연주 소리 봉화와 함께 피어 오르고　　　　　　一曲单于暮烽起
부소성 위에 떠오른 달은 갈고리 같도다　　　　　　扶苏城上月如钩

위 시는 위장이 가을비가 추적 추적 내리는 해질녘 수저우 성루에 기대 고향을 그리며 지은 시이다. 부소성은 수저우에 있는 성으로 진시황의 장자 인 부소의 무덤이 이곳에 있기에 이렇게 불렸다.

왕소군(王昭君)이 흉노로 시집을 갈 때나 채염이 흉노에게서 고국으로 돌 아올 때, 이 곳 수저우를 지났다. 채염이 돌아올 때라고 한 것은 채염이 흉 노족에 인질로 잡혀가서 흉노의 왕의 비가 되었다가 그곳에서 낳은 두 아들 과 생이별하고 다시 고국으로 돌아오던 때를 말하는 것이다. 왕소군에 대해 선 이미 살펴본 바 있다. 오늘은 채염의 기구한 삶을 살펴본다.

한대(漢代) 재상이었던 채옹(蔡邕)의 여식으로 태어난 채염은 어려서부터 문학과 음악에 남다른 재능을 보이며 평탄한 생활을 하였다. 그러나 성년이 된 후 자신의 의지로는 어찌할 도리가 없이 고난으로 가득한 삶을 살아야 했다. 16세 출가한 채염은 결혼한 지 얼마 되지 않아 남편이 유명을 달리하자 친정 집으로 돌아와야만 했다. 화불단행이라 했던가? 그녀에게 닥친 이 불행은 그녀의 비참한 인생의 시작에 불과하였다. 남편의 죽음을 이어 그녀의 든든한 후원자였던 아버지마저 세상을 떠나게 되었고, 당시 중원 지방을 침략한 흉노의 병사들에게 사로잡혀 강제로 흉노에 끌려가 흉노 왕의 아내가 되어야 했다. 말도 통하지 않고 풍습도 다른 흉노의 땅에서 12년을 살면서 두 아들까지 두게 된 그녀 앞에 또 다른 시련이 기다리고 있었다. 서기 207년 중국 북방을 통일한 조조(曹操)는 채옹이 남긴 유일한 혈육이 흉노 땅에 있다는 이야기를 듣게 된다. 채염 부친과의 생전의 의리를 떠올린 조조는 금은보화를 흉노에 보내 채염을 데려오도록 하였다. 채염은 고국으로 돌아오게 된 기쁨보다는 피눈물을 흘리며 두 아들과 생이별을 해야만 하는 가슴을 에이는 고통을 맛보아야 했다. 고국으로 돌아

청대 사람이 그린 채옹.
채염의 아버지로 동탁의 일당으로 간주되어 체포된 후 옥사하였다.

명대 사람이 그린 채염.
그녀 일생 동안의 온갖 고난과 역경을 〈비분시〉로 승화시켰다.

온 그녀는 동사(董祀)라는 높은 벼슬아치와 결혼을 하게 된다. 그러나 그녀의 남편은 죄에 연루되어 사형에 처해질 처지가 되었다. 채염은 조정으로 나아가 조조에게 자신의 남편의 용서를 빌었다. 당시 조정에는 여러 신하들이 가득 당을 채우고 앉아 있었는데 채염은 맨발로 머리를 산발한 채로 나아가 용서를 구하였다. 그녀의 용서를 구하는 말씨는 맑고 깨끗하였고 설득력이 있어, 감동하지 않는 사람이 없을 정도였고 조조 또한 그녀 남편의 죄를 사면하지 않을 수 없었다.

한 여성으로서 도저히 감당할 수 없을 온갖 고난과 역경은 채염으로 하여금 중국문학사상 가장 우수한 서사시라 평가받는 <비분시(悲憤詩)>라는 명작을 탄생시켰던 것이다.

금나라 장우(張瑀)가 그린 〈문희귀한도(文姬歸漢圖)〉의 일부.
채염의 한나라 귀환을 묘사한 그림이다. 두 명의 마부가 세찬 바람을 맞으며 채염이 탄 말을 끌고 있다. 담비 모자와 흉노의 복장과 가죽 장화를 신고 손으로 말안장을 굳게 잡고 있는 채염의 모습에서 그녀의 비장한 심사를 읽을 수 있다. 지린(吉林)성 박물관 소장

33 황소(黃巢)

국화를 노래하다

저장(浙江)성 취저우(衢州)의 선하관(仙霞關).
이곳은 천연적인 요새였는데, 황소는 이곳으로부터
푸젠(福建)성 공격을 시작하였다.

황소의 시라 하니, 당나라의 멸망을 앞당긴 농민 반란군의 지도자가 무슨 시를 썼을까 하고 의아해할 수 있다. 그러나 사정은 그렇지 않다.

말 위에서 천하를 얻은 무장이었지만 문학에도 조예가 깊었던 사람을 들라 하면 단연 조조(曹操)를 빼놓을 수 없을 것이다. 그는 전쟁에 능한 호걸이었던 동시에 당시 문단을 좌지우지했던 문단의 영수이기도 했다. 조조에 비견할만한 인물로는 금(金)나라의 침공에 맞서 꺼져가는 송(宋)나라를 구하기 위해 목숨을 바쳤던 악비(岳飛) 장군을 들 수 있다. 오늘 우리가 살펴볼 황소 역시 문학에 이해가 깊었던 영웅호걸이라 할 수 있다.

황소는 한나라 말의 황건적의 난 이래로 가장 큰 농민봉기의 지도자였다. 그는 지금의 산둥(山東)성 허저(荷澤) 출신으로, 대대로 소금을 팔아서 많은 재산을 모은 부유한 가문 출신이었다. 그는 농민 봉기를 일으키기 전에는 학문에 정진하여 과거시험에 응시한 적도 있었으며, 봉기를 일으키며 봉기의 이유를 적은 그의 문장은 일반인의 경지를 넘어섰다는 평가를 받았던 것으로 보아, 문학적 재능이 뛰어난 지식인이었음을 알 수 있다. 이어 그가 가을의 국화를 읊은 <국화에 부쳐(題菊花)>시를 보도록 하자.

정원 가득 국화꽃에 서풍 세차게 불어오니
　　颯颯西風滿院栽
꽃 차갑고 향기 또한 서늘하여 나비조차 날아들지 않네
　　蕊寒香冷蝶難來
훗날 내가 봄을 관장하는 신선이 된다면
　　他年我若爲青帝
국화 너로 하여금 복숭아꽃과 함께
　봄에 꽃을 피우게 하리라
　　報與桃花一處開

위에서 황소는 싸늘한 가을 공기를 뚫고 꽃을 피우는 국화를 찬미하고 다른 한편으로 좋은 때를 만나 꽃을 피우지 못하는 국화를 애석하게 여기고 있다. 이에 국화로 하여금 복숭아꽃처럼 봄에 꽃을 피

저장성 취저우의 선하관에 있는 황소의 상

황소산.
푸젠성 난안(南安)시에 소재한 해발 1,095 미터의 산으로 황소가 봉기했을 당시 이곳에 병사를 주둔시켰다 해서 이렇게 불리게 되었다.

게 하여 복숭아꽃과 아름다움을 뽐내도록 하겠다는 강한 의지를 피력하고 있다.

당시는 황제들의 무능과 환관들의 발호에 더하여 계속되는 한발로 인해 농민들의 삶은 더 이상 피폐해지려야 피폐해질 수 없는 상황이었다. 874년 지금의 허난(河南)성 화(滑)현에서 가장 먼저 왕선지(王仙芝)를 영수로 하여 농민반란이 발발하였고, 이듬해인 875년에는 산둥 허저의 농민들이 황소를 영수로 추대하면서 반란에 호응하였다. 878년 왕선지가 관군에 의해 목이 잘리는 사건이 발생하여 왕선지의 휘하의 농민과 황소 휘하의 농민이 합병되면서, 농민 반란은 거센 파도가 되어 중국 전체를 휘몰아치기 시작했다. 황소는 화현으로부터 남하하기 시작하여 황허(黃河)를 넘고, 창장(長江)을 건너 장시(江西), 저장(浙江), 푸젠(福建)을 접수한 후 광저우(廣州)까지 기세등등하게 점령하였다. 이 때 황소의 군대가 푸젠을 지나며 주둔했던 산은 현재 황소산이라 불리고 있을 정도이다. 다시 광저우로부터 북상하기 시작한 농민군은 가는 곳마다 호응을 얻어 병력이 60만까지 되었고, 880년 12월, 마침내 장안(長安)까지 손에 넣게 되었다. 이에 당시 황제였던 희종(僖宗)은 속수무책으로 안사의 난으로 쓰촨(四川)땅으로 피난 갔던 현종(玄宗)의 전철을 되밟아 다시금 쓰촨 땅으로 피난가야만 하는 운명이 되었다. 장안에 들어온 황소는 국호를 대제(大齊)라 바꾸고 자신은 황제에 즉위하였다. 그러나 그의 부하 주온(朱溫)이 당에 항복하고, 당 조정이 사타족(沙陀族)의 힘을 빌어 장안을 수복하자, 황소는 곧바로 도망하였고, 884년 여름 산둥성 타이안(泰安)의 호랑곡(虎狼谷)에서 패하여 자살하니 10년에 걸친 그의 반란은 막을 내리게 되었다.

역대로 봉건 통치자에 의해 역적으로 내몰렸던 황소였건만, 위 시에서는 서리를 맞고도 시들지 않는 국화의 강한 생명력을 백성들의 강한 생명력에 비유하는 동시에, 백성들에게 봄날 같은 따사로움을 느끼도록 해 주겠노라는 그의 백성에 대한 한없는 사랑과 연민을 느낄 수 있다.

정릉(靖陵). 당 희종의 묘이다. 12살 때 황제로 즉위한 희종은 무능하기 짝이 없는 황제로, 황소가 장안을 공격하자 황급히 쓰촨 땅으로 피난을 가야만 했다. 재위 16년 째 되던 27살 때 병사하여 이곳 산시(陝西)성 치엔(乾)현에 묻혔다.

청대 화가 허곡(虛谷 : 1823~1896)이 그린 국화. 국화의 생기 넘치는 절개가 느껴진다.

34 한악(韓偓)

농촌의 참상을 고발하다.

당(唐) 말의 혼란상과 황소(黃巢)의 농민 반란에 대해서는 앞에서 이미 살펴본 바 있다.

황소가 황제가 된 후 지방의 유력자들을 감시하기 위해 '감군(監軍)'을 파견하였는데, 황소 휘하에 있던 주온(朱溫)은 감군의 감시로 인해 자신의 동태가 감군을 통해 샅샅이 중앙에 보고되는 것을 더 이상 참을 수가 없었다. 이에 감군의 목을 베고 당(唐)에 투항하였다. 당에 투항한 후, 그는 당의 희종(僖宗)에게서 전충(全忠)이라는 이름을 하사받고 주전충으로 불리게 되었다. 주전충의 투항은 곧 황소의 패배를 재촉하게 되었지만, 10 여년간 중국 대륙을 휩쓴 황소의 난으로 인해 농촌은 철저하게 파괴되었고, 중앙의 관료와 환관들은 지방의 군벌들과 결탁하여 개인 이익 챙기기에 혈안이 되어, 중앙 정부가 통제할 길이 없게 되었다.

당 말 황소의 난이 발발한 이후 당이 멸망할 때까지 3명의 황제가 당을 통치하게 되는데, 희종(僖宗), 소종(昭宗), 애제(哀帝)가 바로 그들이다. 희종은 재위 기간이 15년이었으나, 피난으로 자주 장안에 비워야 했기에 장안에서 지냈던 기간은 7년 남짓밖에 되질 않았다. 이는 당시의 혼란을 극명하게 설명해 주는 것이라 할 수 있다. 희종의 뒤를 이어 즉위한 소종은 군벌의 협박으로 수도를 뤄양(洛陽)으로 천도해야 했고, 자신은 끝내 궁궐에서 주전충에게 피살당하는 운명이 되었다. 애제는 13살 때 제위에 올라 16살 때인 907년, 당나라를 찬탈할 야심을 갖고 있던 주전충의 강요에 의해 황제의 자리를 물려줘야 했던 망국의 황제로 기억되고 있다. 이후 주전충의 후량 등 후당, 후진, 후한, 후주 등 다섯 왕조가 건국되었다가 이내 사라지고, 960년에 조광윤(趙匡胤)이 송을 건국하게 되는 것이다.

정치적으로, 사회적으로 혼란하기 그지없었던 당시의 참상을 그린 한악의 <사현에서 용계에 와서(自沙縣抵龍溪)>라는 시를 보도록 한다.

後梁太祖像

후량태조 주전충의 상

시냇물 절로 졸졸 흐르고 해도 저 혼자 기우는데　　　　　水自潺湲日自斜
개 짖는 소리 닭 우는 소리는 없이 까마귀 우는 소리만 들리네　盡無鷄犬有鳴鴉
마을마다 한식날인양　　　　　　　　　　　　　　　　　千村萬落如寒食
밥 짓는 연기는 안 보이고 부질없이 꽃만 눈에 띄네　　　　不見人煙空見花

　　이 시는 당이 멸망한 후인 후량(後梁) 개평(開平) 4년(910)의 작품으로, 군벌
의 약탈로 인한 농촌의 황량한 참상을 절망적으로 그리고 있다. 모든 가축과
식량을 약탈당하여 굶주릴 수밖에 없는 농촌의 현실이 가슴을 저민다. 위에
서 잔원(潺湲)은 물 흐르는 소리를 형용한 말이며, 한식은 개자추(介子推)라는
인물과 관련이 있다. 개자추는 진(晉)나라 문공(文公)이 국난을 당하여 여러 신
하를 데리고 국외로 탈출하여 고생할 때, 허기져 쓰러진 문공에게 자기 넓적
다리 살을 베어 구워 먹여 살릴 정도로 목숨을 걸고 문공을 섬겼다. 후에 왕
위에 오른 문공이 개자추에게 벼슬을 주려 하자, 개자추는 면산(綿山)에 들어
가 나오려 하지 않았고, 이에 문공은 그를 산에서 나오게 할 목적으로 불을
질렀으나 개자추는 끝내 산에서 나오지 않고 불에 타 죽었다. 그 뒤 개자추
를 애도하는 뜻에서 이 날이 되면 불을 금하고 찬 음식을 먹는 풍속이 생겼
다. 여기에서는 밥 지을 곡식이 없어 불도 지피지 못하는 참상을 한식날에
비유하고 있다.
　　위 시의 작자 한악(842~923)은 자가 치요(致堯)로 장안(長安 : 현재의 산시(陝西)
성 시안(西安)) 출신이다. 용기(龍紀) 원년(889) 진사에 등과하여 한림학사승지(翰林
學士承旨), 병부시랑(兵部侍郎)까지 승진하였다. 당시 황제였던 소종(昭宗)의 신뢰
가 두터웠고 멸망 직전의 당나라에 충성을 다하여, 주전충(후의 후량의 태조)의
미움을 사게 되어 복주사마(濮州司馬), 등주사마(鄧州司馬)로 폄적당했다. 천우(天
祐) 2년(905), 주전충에게 한림학사로 부름을 받았으나, 나아가지 않고 민(閩 :

274

현재의 푸젠(福建)성)의 왕심지(王審知)에게 기탁하여 살다 난안(南安)에서 죽었다.

그는 7언시에 뛰어났고 시어가 화려했는데, 당시 혼란한 사회상을 묘사하거나 자신의 신세를 한탄한 작품들이 대부분을 차지하고 있다. 그의 염정(艶情) 시집 『향렴집(香奩集)』은 남조의 궁체시의 영향으로 전란 중의 봉건 문인들의 퇴폐적인 생활을 직설적으로 묘사하여 후대에 좋지 않은 영향을 끼쳤다는 평가 또한 받고 있기도 하다.

35 어느 궁녀의 사랑시

홍엽제시(紅葉題詩)라는 말이 있다. 즉 단풍잎 위에 시를 적는다는 의미다. 단풍잎 위에 자신의 심사를 적은 후, 단풍잎을 흘러가는 물 위에 띄워 보내며 누군가 자기가 쓴 시를 보고 인연이 되어주길 마음속으로 비는 것이다. 그런데 당대에는 실제로 이렇게 인연을 찾은 이들이 없지 않아 있었다.

당나라 말기 우우(于祐)라는 유생이 있었다. 그는 지방에서 장안으로 과거를 보러 올라왔다가 우연히 궁궐로 통하는 수로 가를 걷다가 궁궐에서 흘러나온 단풍잎을 발견했는데, 뜻밖에도 그 위에 그리움을 피력한 시를 발견하였다. 이에 그는 한 궁녀가 시를 써서 궁궐 밖으로 띄워 보낸 것임을 직감하고는 그 단풍잎을 고이 간직하는 동시에, 자신도 또한 단풍잎을 구해 그 위에 자신의 마음을 적은 후 궁궐로 통하는 수로의 상류에 가서 그 단풍잎을 띄워 보내고는 소식을 기다렸다. 그러나 아무리 기다려도 소식이 없었다.

과거에 낙제한 후 고향으로 돌아온 우우는 더욱 과거 준비에 매진하였으나 끝내 과거에 급제하지 못하고 하중부(河中府 : 지금의 산시(山西)성 용지(永濟))의 유력한 권세가인 한영(韓泳)이라는 사람의 식객이 되고자, 먼저 자신이 쓴 문장을 한영에게 보내었다. 그런데 한영은 우우의 필체를 보고 놀라지 않을 수 없었다. 한영의 친척 여동생이 자신에게 보여준 단풍 잎 위의 필체와 너무도 똑같았기 때문이었다. 한영은 급히 사람을 보내 우우를 불러들여 자초지종을 들은 다음, 단풍잎을 우우에게 건네었다. 우우 역시 아연실색하지 않을 수 없었다. 단풍잎 위에 씌어진 시는 몇 해 전 자신이 쓴 시였던 것이다.

최근 복원한 당대의 대표적인 궁궐인 대명궁(大明宮).

우우가 써서 물 위에 띄워 보낸 단풍잎은 하천의 물을 따라 궁궐로 흘러들어가 성이 한 씨인 한 궁녀가 그것을 발견하였던 것이다. 이에 그녀는 그 시에 화답하는 시를 적은 후, 우우의 단풍잎과 자신의 단풍잎을 고이 포개어 옷상자 속에 애지중지 보관하였다. 그 후 희종(僖宗) 황제는 궁녀 3,000명을 궁궐 밖으로 내보내는 조치를 취하였는데 이 때 궁녀 한씨 역시 궁궐 밖으로 나오게 되었다. 그러나 오갈 데가 없었던 한씨는 친척 오라버니인 한영에게 와서 의탁을 하였던 것이다. 한영은 그간의 경과를 들은 후, 이 일은 우연이 아닌 하늘이 이미 정한 일이라 생각하고, 중매쟁이를 자청하여 우우와 궁녀 한씨의 결혼을 추진하였던 것이다.

대명궁의 남문인 단봉문(丹鳳門).

다음 시는 궁녀 한씨가 궁궐에 있을 때 우우의 시를 보고 이에 화답한 시이다.

홀로 궁 안의 수로 가를 거닐다가	獨步天溝岸
물에 떠 내려온 단풍잎을 발견했네	臨流得葉時
이 마음 그 누가 알아줄까?	此情誰會得
애 끊는 심사를 시로 읊노라	斷腸一聯詩

기록에 의하면, 단풍 잎 위에 시를 쓴 것이 아니라 오동나무 잎 위에 시를 썼다고 한다. 오동나무 잎은 크기도 하거니와 쉽게 찢어지지 않아서 물 위에 잘 떠가기 때문이었다. 어쨌든 위와 같은 단풍잎 고사는 인간의 존엄성과 자유를 송두리째 빼앗기고 살아가야만 했던 당시 궁녀들의 몸부림이자 눈물의 결정체라 할 수 있다.

다음 두 수의 시 또한 단풍잎으로 자신의 마음을 전하는 홍엽전정(紅葉傳情)의 또 다른 예다.

당(唐)나라 현종(玄宗)의 개원(開元) 연간은 변방의 다른 민족을 침략하여 국토를 확장시켜 나가고자 하는 야심이 번득이던 시대였다. 이에 따라 당시의 수많은 젊은이들은 자신의 의사와는 무관하게 고향을 떠나 전쟁터로 내몰리고, 자신의 인생을 송두리째 전장에 바쳐야만 했다.

어느 해인가, 현종은 겨울이 다가오자 열악한 환경에서 복무해야하는 병사들을 위로하기 위해 황제 자신의 이름으로 면으로 만든 옷 한 벌 씩을 하사할 것을 명령하였다. 아울러 온

대명궁 내의 수로.
이 물길을 따라 단풍잎이 떠다녔을 것이다.

조회에 참석한 문무백관들을 묘사한 조각상.

궁녀들을 동원하여 이 옷을 만들도록 하였다. 그런데 적
막하고 고독한 궁궐 생활에 지친 한 궁녀가 자신의 소
망과 옷을 받게 될 병사에 대한 일말의 기대감을 시로
적어, 자신이 만든 옷의 소매 자락에 대담하게 끼워 넣
었다. 그 궁녀의 시는 다음과 같다.

그리운 마음으로 한 땀이라도 더 꿰매고	蓄意多添線
마음이 아려와 몇 겹 더 바느질 합니다	含情更著綿
이승은 이미 지나갔으니	今生已過也
후생에서나마 인연 맺기를 원합니다	願結後生緣

　궁녀는 옷을 만들면서 추위에 떨고 있을 병사를 생각
하여 쉽게 뜯어지지 않도록 한 땀이라도 더 꿰매어 질긴
옷이 되도록 마음을 쓰고, 또한 한 겹으로 만들면 병사
가 춥지 않을까 하는 걱정에 면을 몇 겹 더 포개어 바느
질을 하였던 것이다. 그리고는 자신이 만든 옷을 입게
될 그 병사에게 이승에서는 맺어질 수 없는 인연이니 후
생에서나마 인연이 맺어지길 소망하고 있는 것이다.
　옷이 완성된 후 그 옷은 다른 궁녀들이 만든 옷에
섞여 장안에서 수천 리 떨어진 변방의 병사들에게 전달
되었다. 그 궁녀가 만든 옷이 한 병사에게 전해졌다. 옷
을 받아든 병사는 이내 시가 적힌 종이를 발견하고 상
관에게 그 사실을 보고한 후, 그 시가 적힌 종이 또한
상관에게 건넸다. 황제가 내려 준 옷에서 시가 나온 것

청대 화가 비단욱(費丹旭 : 1801~1850)이 그린
환선의추도(紈扇倚秋圖).
가을날 비단으로 만든 부채를 들고 그리움
에 먼 곳을 응시하는 아낙네의 간절함을
묘사하였다.

을 알게 된 상관 역시 이 일을 임의대로 처리할 수 없는 중대 사건임을 알고 곧 조정에 보고하였다. 누구나 조정에서 곧 한 차례 광풍이 휘몰아칠 것이라 예상하였다. 현종은 궁궐 내의 모든 궁녀들을 소집하고는 그 시를 궁녀들에게 보여주며 말하기를, "누가 이 시를 지었는고? 숨김없이 말을 하도록 하라." 고 하면서 궁녀들을 한번 훑어보았다. 이 때 궁녀들 틈에서 한 궁녀가 비틀거리며 걸어 나와 황제 앞에서 쓰러지며 떨리는 목소리로 아뢰었다. "황제시여, 제가 그랬나이다. 저는 백번 죽어도 마땅하나이다." 라고 말하며 눈물을 흘렸다. 그런데 뜻밖에도 황제의 입에서는, "너의 시를 받은 그 병사에게 시집가도록 하거라." 라는 교지가 내려졌다. 그리고 그 궁녀에게 이어 "나는 이미 너의 진실한 마음을 헤아렸노라, 그러니 이생에서 그 젊은이와 인연을 맺도록 하여라." 라고 덧붙이는 것이었다. 당시 현종 황제의 이와 같은 도량과 관용은 당시의 모든 병사들의 마음을 감동시켰음은 물론이다.

100여년 후 비슷한 일이 또 일어났다. 희종(僖宗) 때, 역시 궁중에서 의복을 만들어 변방의 병사들에게 상으로 내렸다. 당시 변방의 병사 중에 마진(馬眞)이라는 병사가 있었는데, 옷 속에서 금 자물쇠와 시 한 수를 발견하였다. 시는 다음과 같은 내용이었다.

자물쇠를 천리 밖 그대에게 부치는데　　鎖寄千里客
자물쇠는 끝내 열지 못하리라　　　　　鎖心終不開

금으로 만든 자물쇠는 도둑을 예방하기 위한 물건이 아니었다. 주로 궁궐이나 규방에서 아낙네들의 패물로 사용되었는데, 자물쇠는 상대방에게 선물로 주고 열쇠는 자신이 간직하는 식으로 자신의 연모의 정을 상대방에게 기탁하는 용도로 쓰였다.

마진은 시와 금 자물쇠를 가슴에 간직하고 다니다가 그만 동료에게 발각되어 이 일이 상부에 보고되었다. 상관은 이 일을 엄중히 조사한 후 사건의 전모를 황제에게 보고하였다. 그 병사와 궁녀에게 가혹한 형벌이 가해질 것이라는 예상을 깨고 이번에도 엄한 벌이 내려지지 않았다. 당시 상황은 황소(黃巢)의 난으로 인해 왕조가 백척간두에 서있는 처지여서 민심의 이반을 막을 방법에 골몰해 있던 터였다. 이에 희종은 현종이 썼던 방법을 그대로 따라 백성의 마음을 얻어 보려고 했던 것이다. 황제는 마진에게 장안으로 돌아와 자물쇠의 주인공인 그 궁녀에게 장가를 들도록 명령하였다. 후에 황소의 군대가 장안을 공격하였을 때 희종은 쓰촨(四川) 지역으로 피난을 가지 않으면 안 되었다. 그런데 이 때 밤낮으로 군장도 풀지 않은 채 희종을 지근 거리에서 호위하는 이가 있었는데 그는 다름 아닌 마진이었다. 전제 왕조 시대에는 감히 상상도 못할 아름다운 사랑 이야기이며 낭만적인 관용의 이야기이다.

보광사(寶光寺).
쓰촨성 청두에 위치하고 있는 사찰로 희종이 쓰촨 지역으로 피난갈 때 머물렀던 절이다. 이 사찰의 이름은 원래 대석사(大石寺)였다. 희종이 이 절에 머물던 어느날 저녁 사찰 안을 거닐고 있었는데, 사찰 경내의 탑에서 불빛이 새어나와 탑 아래를 파 보니 13과의 사리가 들어있는 돌상자를 발견할 수 있었다. 이에 사찰 이름을 보광사로 바꾸었다는 전설이 전해온다.

■■■ 저자소개

저자는 한국외국어대학교 중국어학과를 졸업하고, 서울대학교 중문과에서 문학석사 학위를, 연세대학교 중문과에서 문학박사 학위를 받았으며, 한국외국어대학교와 연세대학교에 출강하였고, 현재는 백석대학교 어문학부에서 후학을 양성하고 있다. 당대(唐代) 시가, 그리고 당 왕조와 주변 여러 왕조의 경쟁과 교류에 역점을 두어 연구를 진행 중인 저자는 KBS 1TV의 〈신년 스페셜 - 고선지〉 프로그램의 자문위원으로 활동한 바 있으며, 당시(唐詩)를 일반 독자들에게 쉽게 이해시키고자 하는 작업을 꾸준히 하여, 홍콩 한인회가 발행하는 〈교민소식〉의 '당시 한 소절' 코너를 맡아 당대 문학과 역사 관련 글을 5년 동안 연재하였다. 대표 저서로는 한겨레신문의 〈이 주일의 탐나는 책〉으로 선정된 바 있는 『그림과 함께 하는 당시산책』(UCN 출판)을 비롯하여, 『성당 변새시 연구』(중국문화중심), 『한문산책』(형설출판사) 등이 있다.

중국 당시 에세이

두 딸과 함께 한 중국문학 기행

1판 1쇄 인쇄 2011년 2 월 14 일
1판 1쇄 발행 2011년 2 월 28 일

지은이 | 최 경 진
펴낸이 | 김 미 화
펴낸곳 | **인 터 북 스**

주   소 | 서울시 은평구 대조동 221-4 우편번호 122-844
전   화 | (02)356-9903
팩   스 | (02)386-8308
전자우편 | interbooks@chol.com
등록번호 | 제311-2008-000040호

ISBN 978-89-94138-16-9   03820

값 : 30,000원

※ 파본은 교환해 드립니다.